必要なのはやる気じゃなくて効率化

ラクしてスッキリ シンプル家事

nika

nika. home

Contents

はじめに

この本を手にとっていただき、ありがとうございます。

家事はいつも終わりがなくて、やりたくないなぁ、
面倒だなぁと思うこともたくさんあります。
子どもが生まれてからはとくにそうです。
物がどんどん増え、片付けしてはリバウンドを繰り返し
育児に追われて汚れもほったらかし。

どうしたらラクにスッキリできるだろう？
どうしたら効率良く家事ができるだろう？

家や家事の仕組みを整えたいと、強く思うようになったのは、
そんなときです。
短時間でラクに済ませる掃除の方法、出したものがすぐ戻せる収納の方法、
ムダにならない上手なものの選び方…。
何もかも不便を感じている今こそチャンスだと思い、

困っていることひとつひとつに向き合い、自分に合う方法を考えてきました。
それらを整えることは私にとって、気持ちも整えてくれることでした。

今、スッキリシンプルな暮らしができるようになったのは、
「効率化」という、答えが見つけられたからだと思っています。
前もって準備をしたり、先読みして早めに終わらせておくと、
あとで助かるのは仕事と同じ。
「頑張らなくちゃ」「やらなくちゃ」と気負うより、
効率や段取りを考えるほうが実はラクができたんです。

汚れや散らかし対策を事前に済ませておけば、
家事はちょっと疲れたときに休んだって大丈夫。
何にもできない日があっても「まぁいっか！」と心穏やかでいられます。
家族と笑顔で過ごせることにつながれば、それがいちばん。

毎日の家事に苦戦していた私と同じ想いを感じている方の
何かひとつでもお役に立てることがあれば、うれしく思います。

nika.home

やりたいことがすぐできるデスク

くつろげるのはミニマムなリビング

nika.home
クリーンで気持ちいいキッチン

お片付けもラクにできるキッズスペース

nika.home

ぐっすり眠れそうなシンプル空間

ぜんぶのお洋服が見渡せるクローゼット

simple & clean

nika.home

マークについて

二 … ニトリ　無 … 無印良品　100 … 100円グッズ

nika が使用しているグッズや商品の購入店をアイコンで示しています

1

ラクにスッキリなおうち作り

片付けや掃除を頑張ろうと思っても、なかなか続かないもの。まずは、おうち作りを見直しました。目指すゴールを「おしゃれ」から「ラク」にシフトすれば、ものを減らすことも、シンプルなインテリアにすることも、難しくないんです。

1

参考書は無印良品のカタログ

おうち作りを見直し始めたとき、長く使い続けられるものを選ぼう、そう決めて、家具や収納用品をいろいろ探しました。でも、センスに自信のない私は、すてきなものを上手に組み合わせるのが苦手。たくさん調べてさんざん迷った挙げ句、最後はいつも無印良品に頼ってしまいます。

無印良品は目をひくようなデザインではないのかもしれませんが、シンプルでクセがないので、失敗というものがありません。それに、カタログのコーディネート写真がとても参考になります。色の組み合わせ方や素材の選び方、家具や小物の配置…。いいなと思ったらすぐに買いに行けるし、気軽に買える値段も魅力的。現実的に役立つインテリアの参考書としては、とてもありがたいのです。

誰でもマネできる無印良品の世界を参考にすれば、部屋作りは頑張らなくてもうまくいく。私のおうちを見て、そんなふうに感じてもらえたらうれしいです。

新しいカタログを見るのはいつも楽しみ。今はふとんカバーを新調しようと思っているのでコーディネート例を参考に眺めています

point 1 キッチンも無印良品

point 2 リビングも無印良品

2

必要なものだけにするということ

以前は、暮らしのなかで足りない、欲しいと感じたら、すぐに買って解決しようとしていました。でも、あるときふと気づいたんです。本当は十分にものを持っているのだから、今あるものを大事にしたらいいのでは?と。

「自分が必要なものを適量持つ」「同じ用途のものをいくつも持たない」。このことを意識しはじめてから、ものの持ち方は大きく変わりました。以前は引き出しいっぱいにあった文房具も、1アイテム1種類を基本に。開ければすべて見渡せて、出し入れがとてもスムーズです。ほかにも、あまり使わないリンスは買うのをやめたり、今もこまめに見直しを図っているところです。

使わないものを持つことは、場所をとるだけではなく掃除や管理が手間になります。そのうえ、買う時間やお金もかかってしまう。〝足るを知る〟ことができたら、余分なムダがなくなって家事がもっとラクになっていくと思います。

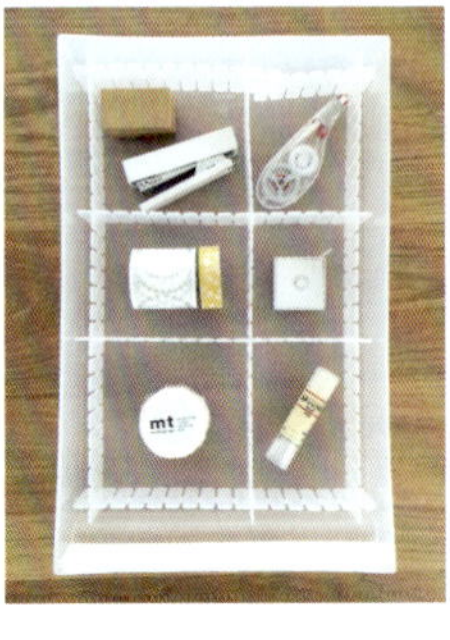

文房具は、この2段の引き出しと、ペン立てのペンだけ。ニトリのシートを敷いて、ものが動かないように

指定席を仕切りで用意する

無印良品の引き出しをダイソーの仕切りで区切り、それぞれの居場所を作りました。どこに何があるか一目瞭然です

3

植物や厳選した道具を雑貨代わりに

流行を取り入れながらセンスよく雑貨を飾れたら、どんなにすてきかと思います。でも、私にはとってもハードルが高い。だから、無理をせず、頑張らない。今は難しいスタイリングには挑戦しないと決めました。代わりに四季折々の花や木の枝をあちこちに取り入れたり、カレンダーやケトルなど厳選した道具を雑貨代わりに（ひなまつりなどの季節を楽しむための飾りは別に持っています）。

春先からは桜や梅、楚々としたコデマリ、チューリップやビバーナム。暑い季節になってくると、持ちがいいドウダンツツジをはじめ、アジサイやシャクヤク。寒くなってきたら、コスモスや野バラをよく選びます。年間通して買えるユーカリも便利。簡単に麻ひもで茎をたばねればOK。1本、1輪で存在感があるものを選べば、花瓶に入れるだけで絵になるし、こまめに水替えすればホコリもつきません。

1 デスクに小さなトルコキキョウを一輪。カードを添えてかわいらしく

2 ビバーナムを挿した花器は、「ホルムガード」。口が狭くて生けやすいんです

3 ユーカリをドライに。木製の壁掛けピンチにはさんで飾ります

4 4か月は持つドウダンツツジ。繊細な葉がキッチンをナチュラルに演出

greens & flowers

1 ダイニングに

2 キッチン棚に

3 玄関に

4 キッチンに

4

"捨てる"をシステム化する

もの持ちがよくて、捨てるのがもったいない！と思ってしまうタイプです。いさぎよく手放すことができないから、気がつくとものがどんどんたまって、家事がしにくい家になってしまう。そこで実践しているのが、不用品を入れる一時ボックスを用意することです。

ボックスは1階のリビングの収納棚が定位置。いらないかも？と思ったものを入れておき、半年使わなかったら、そのまま不便がなければ処分したり、フリマアプリに出品します。もちろん、あまり時間をかけずにすぐ判断できるものは処分しますが、捨てられないものは、こうしてルール化しておくとあれこれ考えずに捨てる習慣が身につきます。

ちなみに、コード式の掃除機を先日リサイクルショップに持っていったら、買い取り期限ギリギリでした。家電は製造から5年以内が買い取りの目安なのだとか。少しでも価値が高いうちに手放すのも、ひとつの方法かもしれません。

「メルカリ」とは…

スマホで写真を撮るだけで簡単に出品ができるフリマアプリ。出品料、登録料などは無料。ボタンひとつで購入もできる

1

出品するものはボックスに

無印良品のソフトボックスは、毎日開けるダイニングの収納棚に。ここなら、入れたまま忘れてしまうことがありません

いらなくなったらメルカリに出品

2

きれいに洗ってスタンバイ

よく出品するのは靴、服、食器など。きれいに洗って保管し、売れたらすぐ人に譲れるように準備します

3

出品画像はよく見えるように

いろんなアングルから撮り、画像情報を充実させるとよく売れます。手放すのが目的なので価格は低めに設定

5

入ってくるものをすぐ処分

「ものをためない」。言うのは簡単ですが、守るのは大変です。ものは買い物したものだけではなく、町内会のお知らせ、郵便物、段ボール…。紙ゴミのたまり方って結構すごいですよね！　あとで処分するのも結局時間がかかるので、処分しやすい仕組みをつくることにしました。

わが家の場合、チラシや段ボールを捨てるのは玄関、書類はダイニングのデスクで処分します。小さなことですが、処分に使うはさみなども、すぐ使えるようゴミ箱のそばに用意するのがコツ。収納棚に入れてあるシュレッダーは、以前は使うときにしまっていた所から出していましたが、今はすぐに使える所に設置しておき、電源を入れるだけで使える状態に。ためずに処分する習慣がつきました。

掃除も片付けも、やる気よりシステム。モチベーションを上げて気持ちを奮い立たせるより、先に仕組みをつくってしまったほうが確実に体は動きます。

郵便物は、要・不要を即判断。処理するときは、電源オンにすればすぐに使えるシュレッダーにかけるだけ

玄関にゴミステーション

玄関の脇の収納スペースにリサイクル行きの資源ゴミ箱を置き、はさみやガムテープ、ビニールひもなどもセット。宅配便の荷物は、届いたら玄関で開封して段ボールをつぶします。リビングまでゴミを持ち込みません。

プラゴミ

牛乳パック

古紙

ひも入れは、ダイソーで。段ボールや古紙をまとめるときに使います。カッターがついていて便利

1

宅配便は玄関で開封し分別してからゴミ箱に

無印良品の持ち手つきの箱に、ハサミやガムテープなど、ゴミ捨てに必要な道具をセットしています

2

はさみやガムテープは無印良品の手つきケースに入れてゴミ箱上に

6

捨てる見きわめ時期を決める

使わないことが明確なものは処分しやすいのですが、実際に使っているものはなかなか処分できません。自分の感覚だともう少し使えるような気がして、なんとなく使い続けてしまい、タイツをいざはこうとしたら穴があいていたり、ボロボロのスポンジを見かねた夫に捨てられたり…。でも、そういうクセが汚れや散らかりのもと。おうちを見直したのを機に改めようと、気がつく範囲で見きわめの時期を決めることにしました。

マイルールは左のページの通り。消耗品なら消耗具合が目安です。スポンジ、歯ブラシは毎日使うとだいたい1か月で傷みが出てくるので、ひと月で交換。3か月で3個使う計算になるので、まとめ買いもしやすくなりました。たまりやすい書類は一週間が目途。とっておきがちな保証書なども、チェックすると期限切れになっていたりするので、見きわめの習慣はけっこう役に立つと感じています。

見きわめリスト

週1

● DM・チラシ・書類関係

見てすぐ判断できるものは即時処分。保留にしたものも、必要な書類以外は1週間を目度に処分します

月1

● 食器洗いスポンジ・バススポンジ・歯ブラシ

ボロボロになる手前で処分するとみすぼらしく見えません。値段も安いものなので、消耗品は躊躇せず交換

半年

● 保管ボックスのもの、洋服

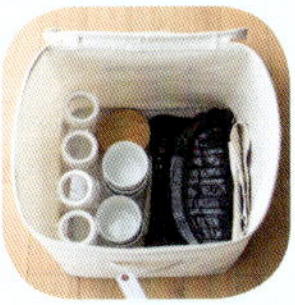

フリマに出品しても売れ残ったものや、衣替えのときに服をチェックします。防虫剤は服と同時期に交換

年1

● タオル・保証書

状態にもよりますが、タオルは年末に交換してウエスに。保証書は有効期間1年のものが多いので年末に確認

● 年賀状

新しい年賀状をいただいたら、2年前のものを処分。100円グッズのハガキケースに最新の2年分だけ残します

雑貨を飾るのは主にここだけ！

玄関ニッチ飾り集

植物以外に四季を楽しむひとつとしてとり入れている季節飾り。
玄関の飾り棚には、お正月、ひな祭り、節句、クリスマスなど行事に合わせて
小物や花を飾ると、季節のめぐりに少しだけ敏感になれます。

桃の節句

豆まきを終えて厄を払ったら、桃の節句の飾り付けを。組み木デザイナー、小黒三郎さんの小さなひな人形は、ミニサイズでとてもかわいいんです

お正月

手のひらサイズの鏡餅と門松飾りは、中川政七商店のもの。手に入るときは千両や南天など赤い実ものを飾り、紅白でおめでたい雰囲気を演出します

端午の節句

小黒三郎さんの組み木は、子どもたちが自由に触り、遊びを通して健やかに育つようにとの想いが込められています。娘も遊びたくなるすてきな組み木です

クリスマス

幸せをもたらす守り神と言われる、ノルディカニッセの赤いサンタの隣に、賢者をキリストの生誕地、ベツレヘムへ導いたとされる星のオブジェを

1

2

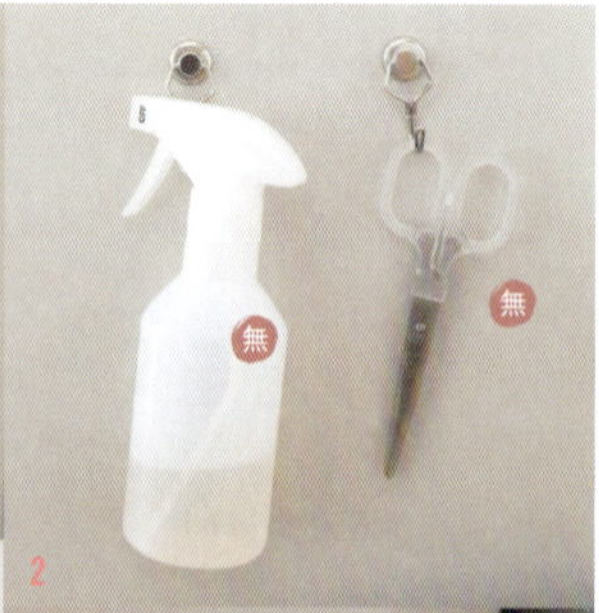

3

1 冷蔵庫横は、強力マグネットを使って収納に活用
2 アルコールスプレーとキッチンばさみの定位置
3 メモとペンも冷蔵庫横にあると何かと便利。買い忘れ防止に

2

ラクにスッキリな収納

私の収納はものを減らし、シンプルなグッズをそろえて収めるだけ。特別なテクニックは何もありませんが、誰でもマネしやすいはずです。シンプルであれば元に戻すのが苦にならず、頑張らなくてもきれいが続きます。

1 全部の持ち物を把握するということ

「収納に困らない秘訣は何ですか？」もし、そんな質問を投げかけられたら、今の私は、ものを減らすことです、と答えます。というのも、私自身、ものを減らした途端に片付けがとってもラクになったと実感したから。ものが少なければ収納を考えなくていい。出すのも元に戻すのも苦にならない。同じものを何度も買うようなムダが防げる。何より、持ち物すべてを把握できている状態は気持ち良く感じます。

乱雑になりがちなクローゼットや造り付け収納も、ものを減らせばスッキリ。洋服は色やアイテム、人別に取り出しやすく並べることができ、日用品や書類はスペースに合ったケースに整然としまえるように。

収納を工夫してたくさんのものを収めることは、片付けのセンスのない私には難しい。できないことはムリに克服しようとせず、できる方法を探します。ものを減らすことは、私にはとても大切な法則です。

クローゼット

右は夫、左は私。奥は季節外の服を掛けています。手前を白にするとスッキリ見えます

ダイニング収納

日用品や文房具、電化製品など細かなものはここに。ケースや引き出しの中も何が入っているか把握しています

2

キッチンの引き出しは上から一目瞭然に

じつは、料理が苦手です。本音を言えばやらずに済ませたいくらいなのですが、家族の健康を預かる主婦としてはそうもいきません。なので、なるべく楽しくできるように環境づくりを頑張っています。

シンク下の収納もそのひとつ。キッチンは、食べ物から道具までいろんなものがあるので、積み重ねてしまうとあっという間に探すのが大変になります。なので、ものを重ねない収納を意識しています。まずはひとつひとつのものに、ケースで「お部屋」を作ります。鍋、密閉容器など大きなものは立て、キッチンツールなど細かなものは迷わずとれるようにして指定席へ。乾物、調味料はジャーやボトルに入れ替え、袋や箱はすぐ処分するようにしています。こうすると、開けたときに一目瞭然。必要なものがすぐに取り出せ、元に戻すのもとってもラクです。おかげでキッチンに立つのが苦にならず、調理の時間もグンとスピードアップしました。

引き出しの中は…

スッキリなキッチン

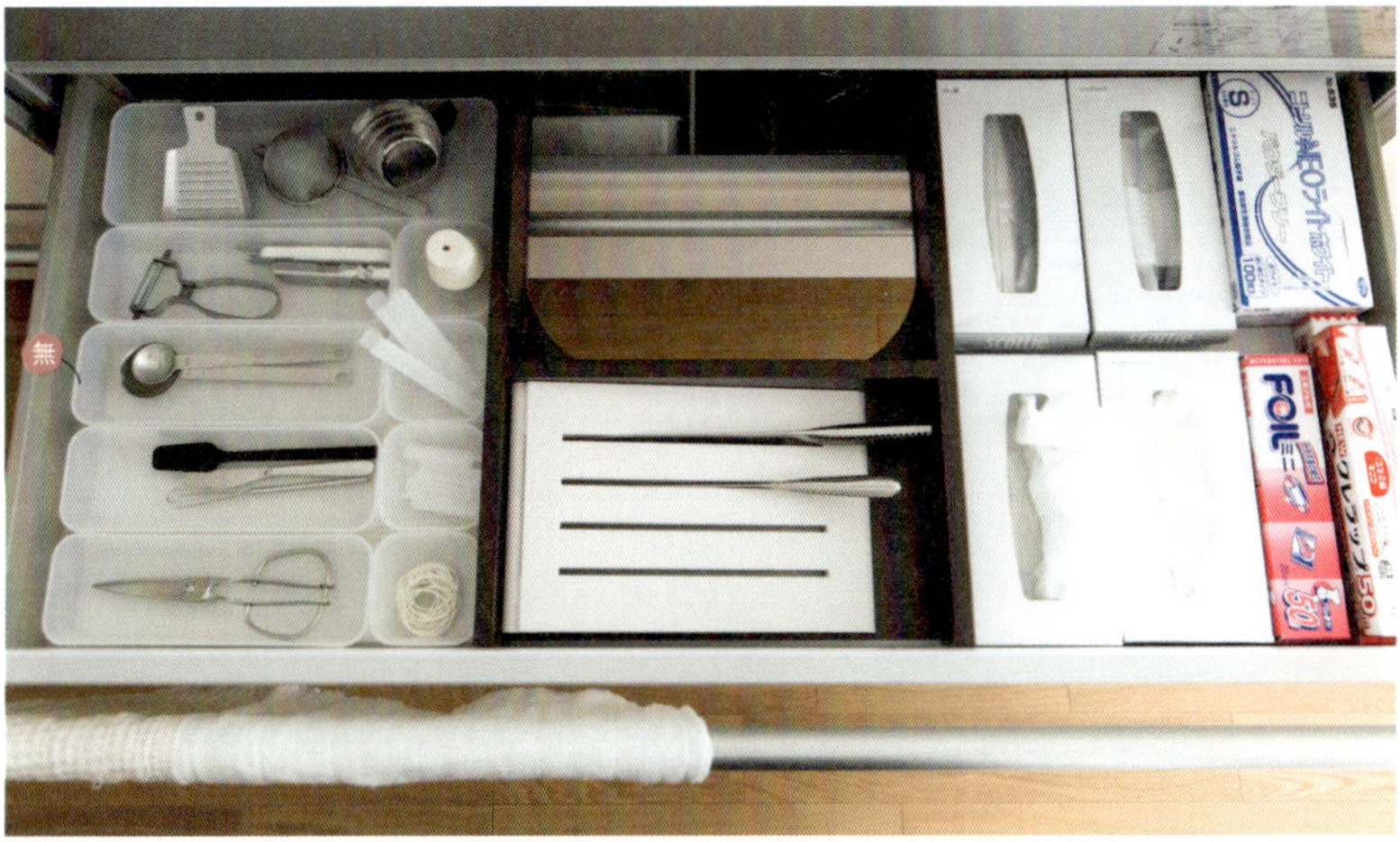

❶上段

右はポリ袋やラップなど消耗品をティッシュボックスに、左は調理道具を無印良品のケースに入れています

❷下段

深くて大きな引き出しをダイソーのファイルボックスやニトリの「インボックス」で仕切り、鍋や保存容器を縦収納

❶小分けトレー

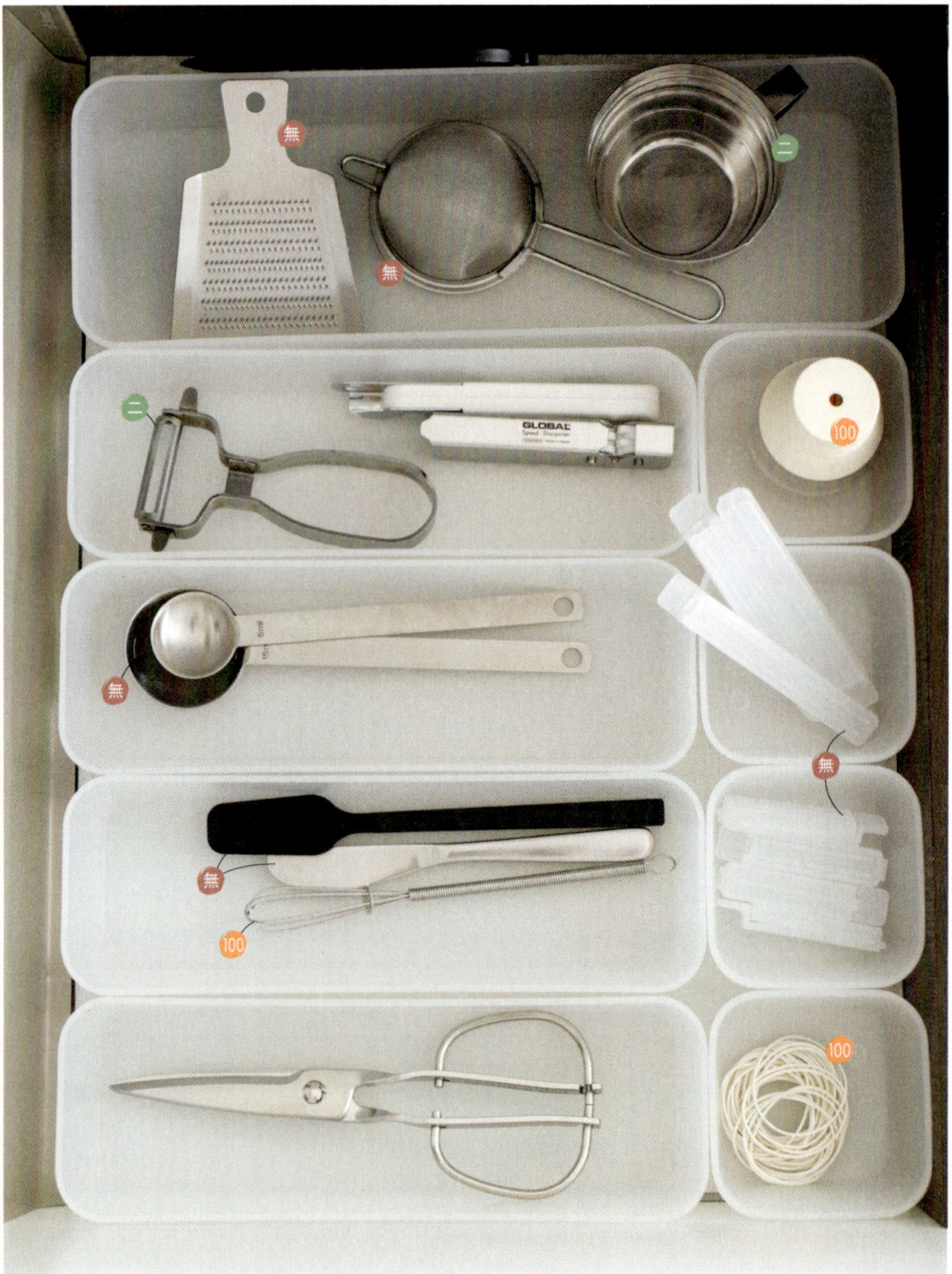

キッチンツールは厳選して無印良品の
「ポリプロピレン整理ボックス」で整理。
数が少ないのですぐに取り出せます

❹小引き出し

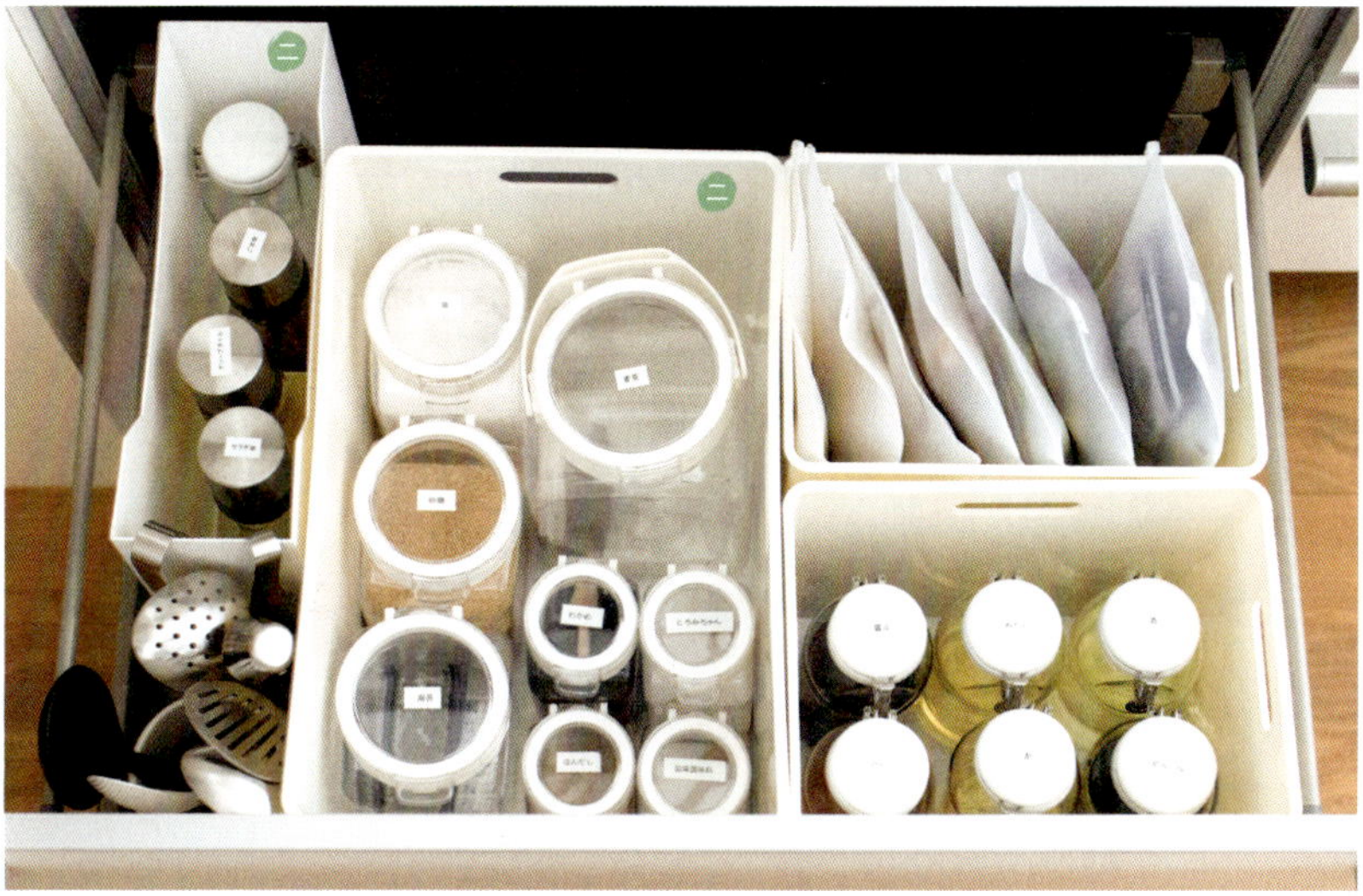

乾物や調味料を入れた「フレッシュロック」は、上から見て中身がわかるようにラベルを貼っています

❺小引き出し

詰め替え容器の仕切りにしているのは、牛乳パック。入れておくと、開閉時に容器同士がぶつかるのを防いでくれるし、液ダレ防止にもなります

❸小引き出し

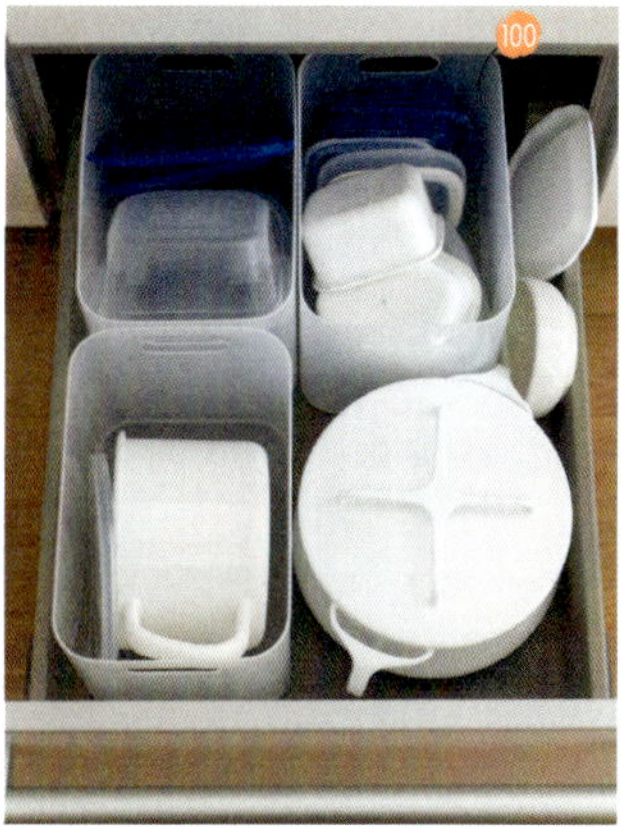

ダイソーのグッズの中でいちばん活用しているといってもいいプラケース。深い引き出しの仕切りにもぴったり。容器のサイズ別に収納

3

"透明収納"なら、管理がラク

これは使えると思った収納グッズのひとつに「中が透ける入れ物」があります。とくに食材収納に使いやすい「フレッシュロック」と、ファスナー式でスリムな無印良品の「EVAケース」はおすすめ2大アイテムです。キッチンやサニタリーのこまごましたものを詰め替えたら、とってもスッキリしました。

この収納グッズのいいところは残量がすぐわかることと、立ててしまえることです。深い引き出しに箱や袋のままま しまうと、下に埋もれてしまって不便だったのですが、透明収納は一目瞭然。サイズを統一したことでコンパクトに収納できるようになり、使いたいときになかったり、使い残してしまったりという失敗がなくなりました。詰め替えのひと手間をかける価値は、十分あると思います。

透明容器には品名ラベルも貼っておくのがコツ。中身を間違えやすいものもあるので、安心、安全のためにもオススメ。

1 ストローやペーパーナプキン、コーヒーフィルターなどを入れておくと、取り出すときもスムーズです

2 スープやのり、ふりかけを入れ、ニトリの「インボックス」に立てて収納

3 砂糖や塩、だし類は「フレッシュロック」で統一。中に計量スプーンを入れておくと便利

4 量が多いものは「フレッシュロック」、少ないものはボトルに

1

おもてなしグッズ

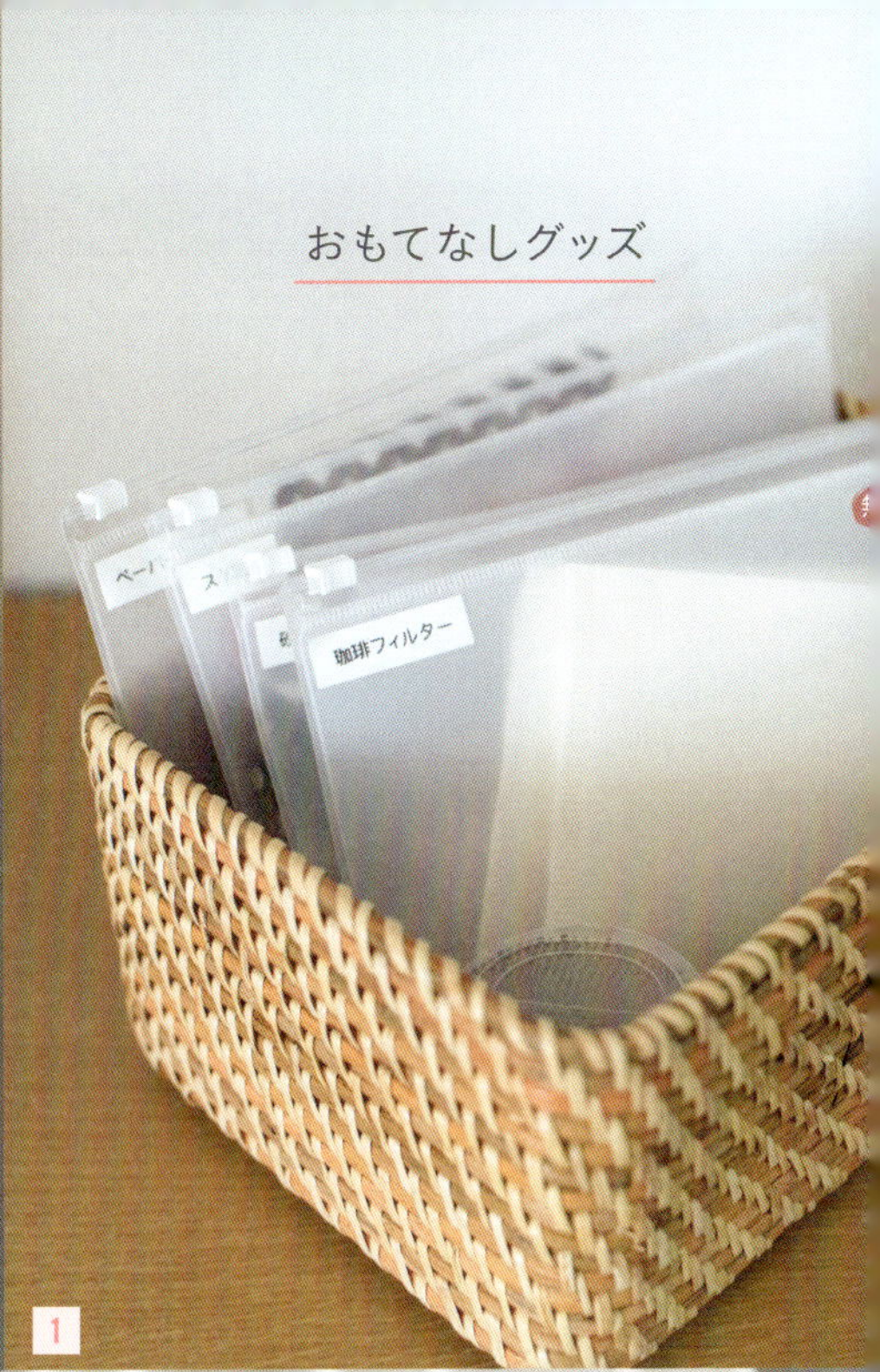

2

ふりかけなど

3

調味料

4

台所洗剤

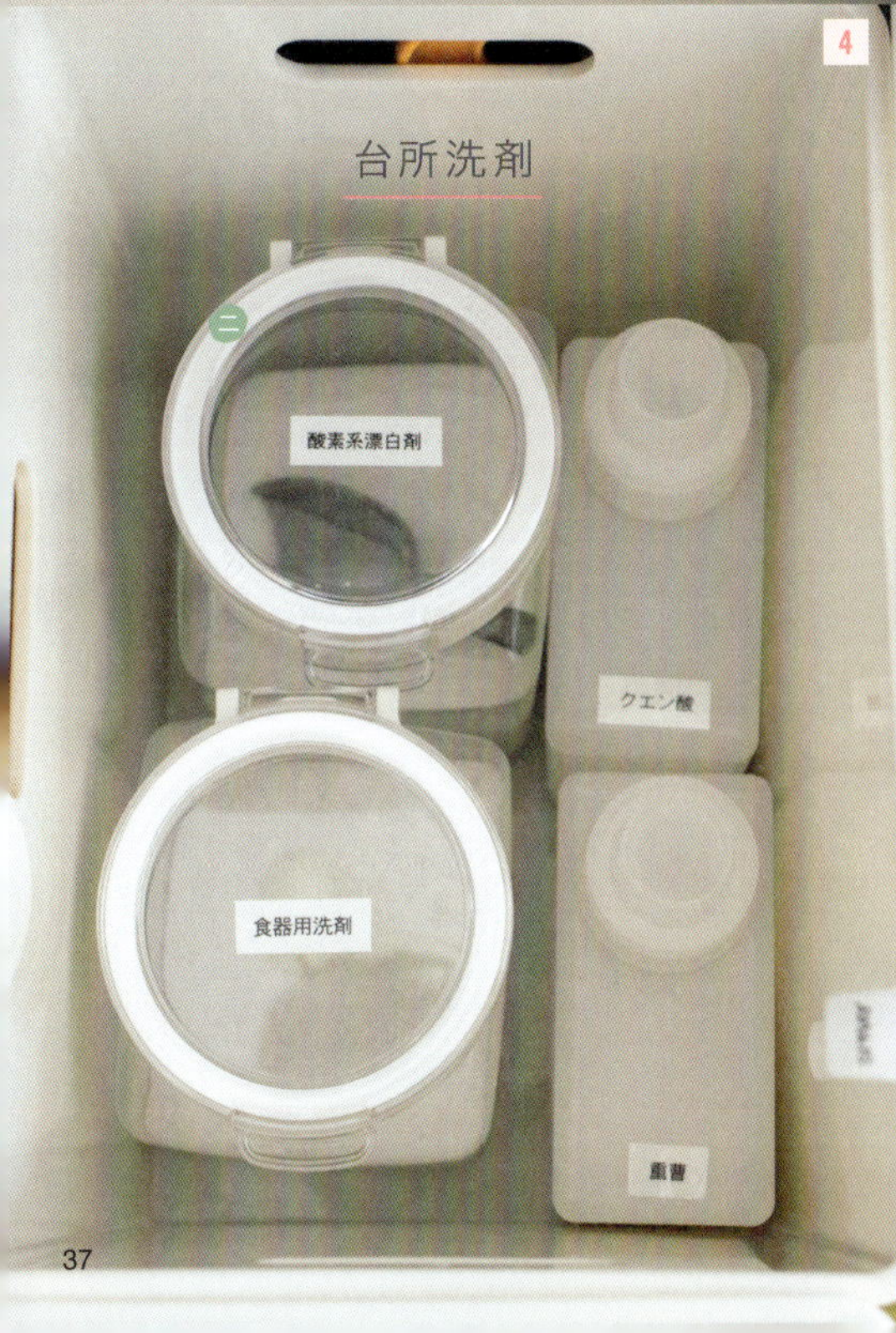

4 薬・サニタリーグッズはパッケージから出して

買ったときはそれぞれパッケージに入っている衛生用品。これをすっきり使いやすく収納するのは難しいもの。試行錯誤の末、パッケージから出してみたら、使いやすく。絆創膏《ばんそうこう》や市販薬は使用期限や説明書ごとカードケースに、カイロや冷却シートなど平たいものは、無印良品の「EVAケース」に。サニタリー用品はボックスに立てるなど、形に合わせて収納グッズを使い分けるのがポイントです。入れ物を統一すると、収納スペースもムダなく有効に使えます。

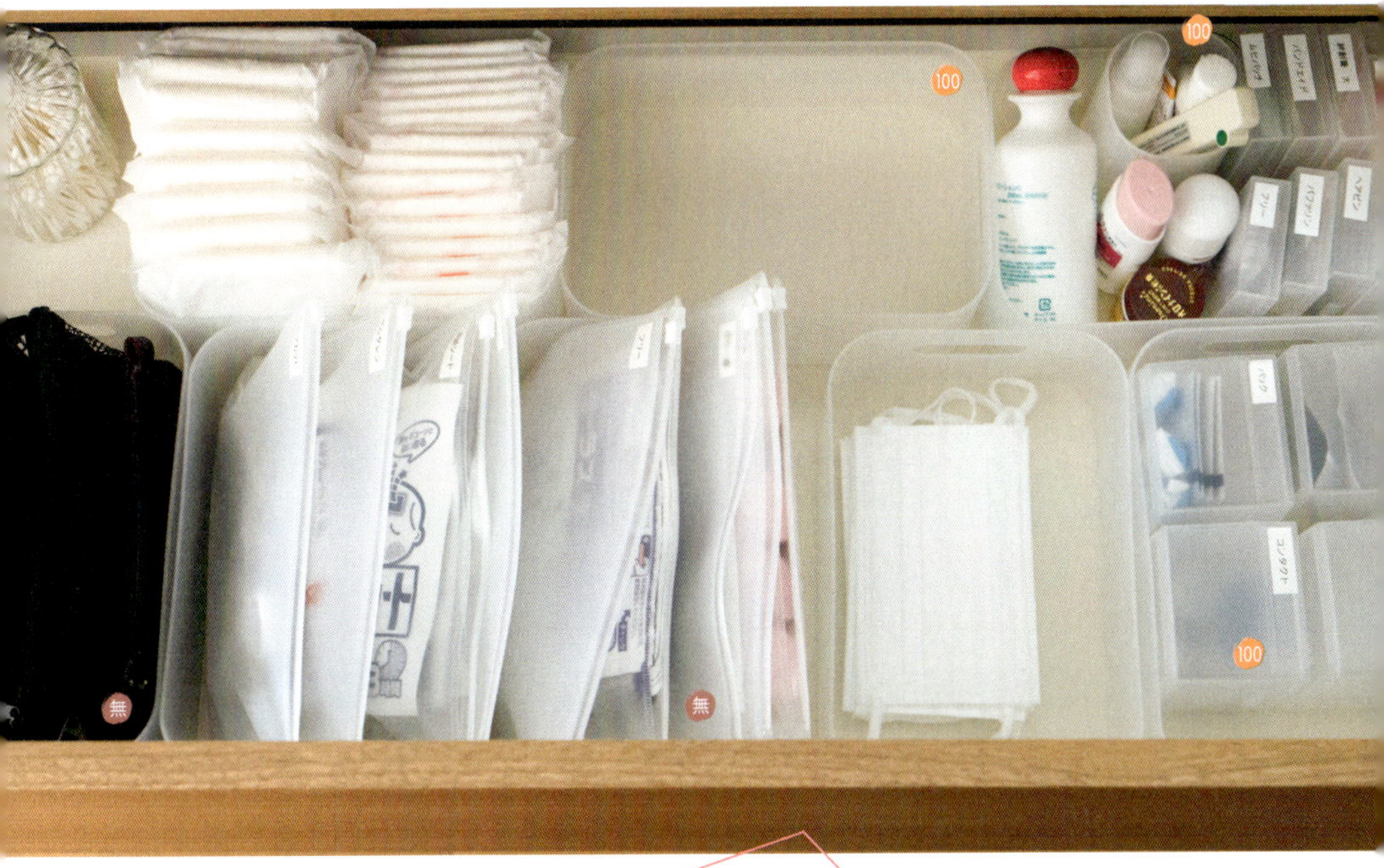

スッキリな
レストルーム

引き出しの中は…

大きめ収納ケースで

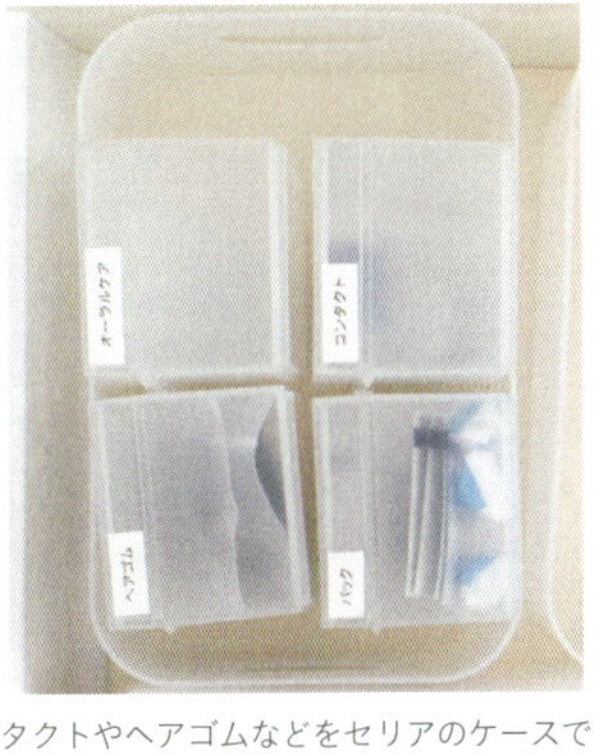

コンタクトやヘアゴムなどをセリアのケースで仕分け。それぞれピータッチでラベルをつけています

小さめカードケースで

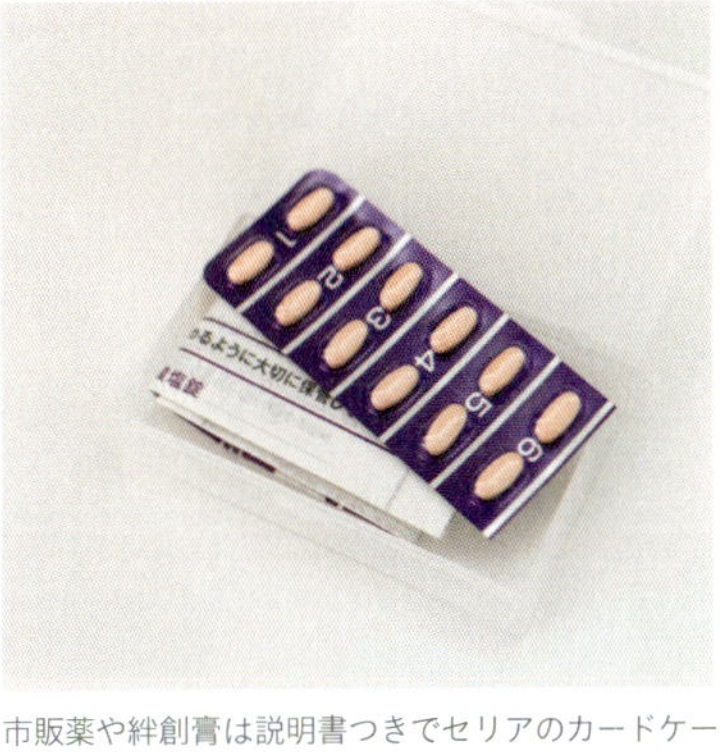

市販薬や絆創膏は説明書つきでセリアのカードケースに。使用期限のチェックもラクにできます

5

センスがないなら、白で統一

アパート暮らしの頃から、収納グッズは主に白を選ぶようにしてきました。なぜかというと、ラクしてきれいに見えるからです。白と決めてしまえば迷わない。収納グッズを探す手間もかからない。適当にしまっても統一感が出るので、ものがごちゃつきやすいスペースだってスッキリ見えて気持ちの良い空間になります。

もうひとつ便利なのは、白の収納グッズならどこでも手に入ることです。ニトリや無印良品、IKEAなどをチェックすれば、しまいたいものやスペースにぴったりの白い収納グッズがすぐ見つかり、そろえるのも手軽です（棚や引き出しに入れるときはサイズを測ることが大切）。

白い収納は、どんな人にも必ずできるいちばんラクなテクニックだと思います。「きちんとしまうことに労力をかけるより、便利な白でそろえちゃおう」。そのくらい気楽に考えて挑戦すると、案外うまくいきます。

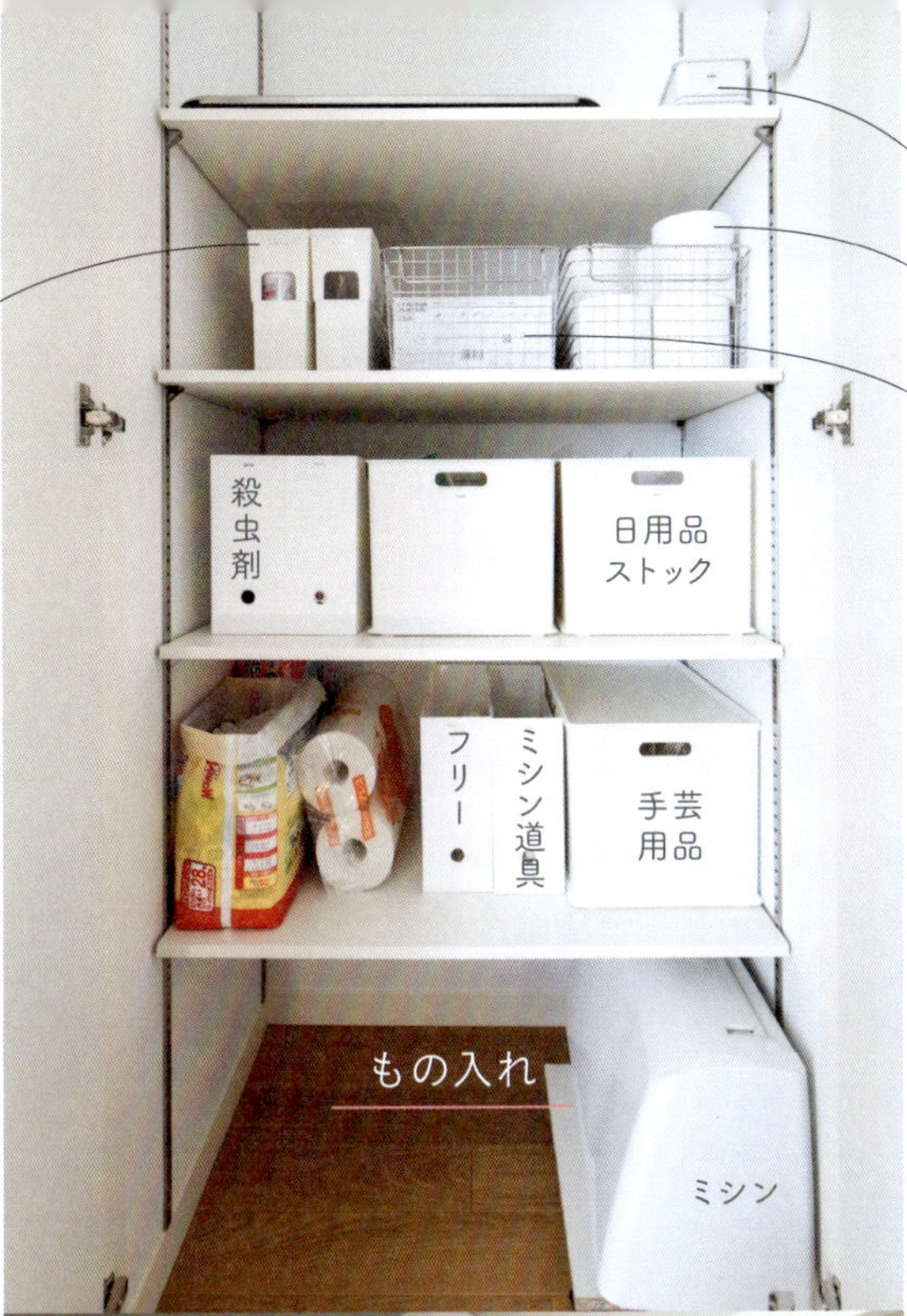

日用品のカラフルなパッケージも、白い収納グッズにしまえば目立ちません

ふとんはIKEAのSKUBBケースにしまえば自然に統一感が出ます

6

収納グッズを味方にして

私の収納テクニックのなさをカバーするには、収納グッズを上手に使うことが大切だと思っています。これが強い味方になってくれています。前のページでは「透明」「白」という色の選び方に触れたので、ここではさらにポイントを紹介させていただきます。

ひとつは、収納グッズの高さを入れたいものやスペースに合わせることです。私は最初の頃、大きなボックスになんでも入れてしまい、小さなものがかえって取りにくくなるという失敗をしてしまって。使いやすさ＝大きさじゃない。ものに合っていることなんだと気づきました。

買い足しやすいお店で選ぶことも大事です。統一感を出そうと思っても、あとで買い足せないと結局バラバラになってしまいます。その点、定番が多く、シリーズでサイズ展開が豊富な無印良品はおすすめです。それでピンと来なければ、ニトリや100円ショップ、が私の定番です。

サイズは
ちゃんと測って

無印良品のファイルボックス

たくさんの人が愛用しているだけあって、やっぱりこれは使えます。幅や形違いもいくつかあり、入れたいものに合わせて選べますし、収納キャリーボックスや再生紙ハンギングホルダーなど、いろいろなアイテムとも組み合わせられます

ダイソーのプラケース

サニタリーの引き出しスペースに、ぴったり合ったのが100円のプラケース。くつ下やハンカチを入れています。シンプルで軽くて持ち手つきなので、ニトリのインボックスの仕切りやおもちゃ収納などに幅広く使えます。

無印良品のカゴ

カウンターの下段に入れているのは、無印良品のラタンのボックス。ペーパーナプキンやコーヒーフィルターなど、こまごまとしたものの整理にとても役立っています。無印良品はカタログにサイズが載っているので、どのタイプが何個必要か、事前に計算できるのもラク

7 入れるものにぴったりな収納グッズを発見する

収納グッズを探すお店はほぼ決まっていますが、実際に買うまではかなり時間をかけるほうです。買う前は必ず入れたいものと場所を測ることからスタート。幅、奥行き、高さを確認し、なるべくピッタリ収まるものを根気よく探します。間に合わせのものを買って、うまく使えなくて気に入らず捨ててしまうという苦い経験をしているので、妥協は禁物。

「コレ！」というものを探すコツは、用途にとらわれず広い視点で見ること。キッチンで使うからといって、キッチン用品コーナーにいいものがあるとは限りません。たとえば私はポリ袋をティッシュボックスに入れているのですが、サイズも使い勝手もジャストフィット。洗剤入れにしているふたつきほうろう容器（P.91）はキッチン用のものですが、持ち手つきでとても使いやすいんです。

グッズ探しは、固定観念にしばられず柔軟に。ぴったり合うものが見つかると、そこからまた片付けが楽しくなります。

工具箱に裁縫道具

ちょっと使いたいときにすぐ出せる、コンパクトな大きさの裁縫箱を探していたところに出会ったのが、無印良品の「スチール製工具箱」。丈夫で、ぱかっと開くふたが使いやすい。工具箱用と合わせて2個買い求めました

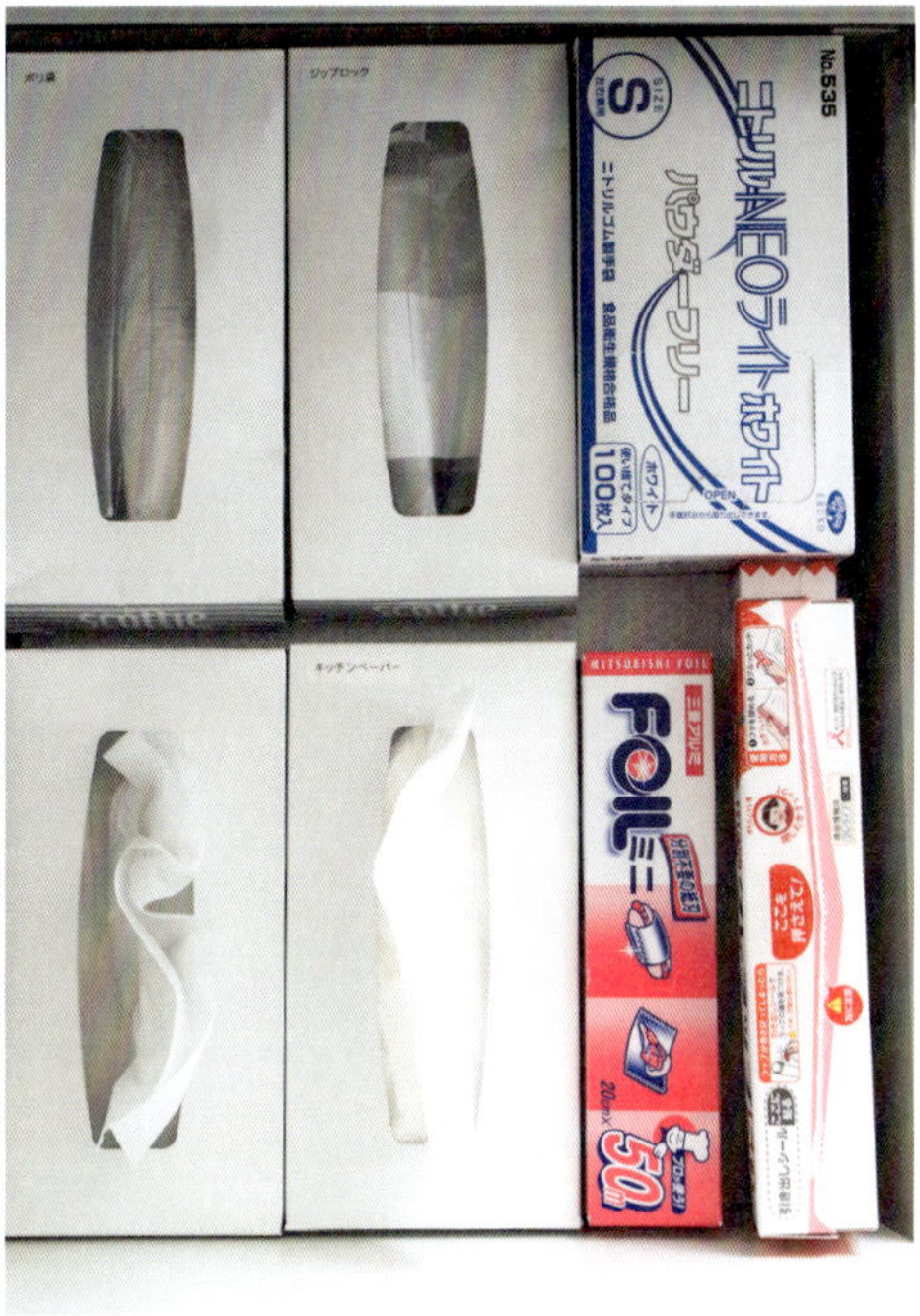

ティッシュBOXにキッチン小物

キッチンペーパーやビニール手袋、ポリ袋は、カラになったティッシュボックスに詰め替えて、上から引き出せるようにしています。入れるときは、箱の短辺ののりをはがすだけ。ボックスはスコッティの白と決めているので統一感も出せます。高さがなく使いにくかった収納がスッキリしました

8 思い出はしまいこまない

毎年写真を1枚づつ足している結婚記念日のアルバム、育児日記代わりに記録しているスマホ画像のアルバム。両親が持たせてくれた子ども時代のアルバム…。私と家族にとって、人生のすべてが詰まった大切なものなのに、取り出しにくいところにあったらなかなか開く機会がありません。もったいないなぁと思い、あるとき2階の納戸から1階のテレビボードへ収納場所を変えることにしました。すると、家族もよく眺めるようになり、友人や親せきが遊びにきたときも大盛り上がり。思い出がぐっと身近になったんです。

見やすい状態にするために、写真整理もしました。貼りっぱなしだった学生時代の写真は、人物が写っていないもの、表情が変わらないもの、似たアングルのものなど思い切って処分。家族写真は年1冊くらいにまとまるようにし、お気に入りだけを残しました。膨大な写真と向き合うのは時間がかかる作業ですが、一度きちんと整理すると一生楽しめます。

アルバムはココ!

クローゼットからテレビの下に定位置を変えたら、ひんぱんに見るようになりました。思い出は何度見ても楽しいもの

家族フォトは年1冊に

無印良品のポケット式のポリプロピレンアルバムに年1冊にまとまるように整理。隣は子どもの作品スクラップと結婚記念日のアルバム

子どもの写真は月1冊アプリで

スマホで撮った画像は育児日記がわりにフォトブックサービス「nohana」でミニアルバムに。膨大に増えるデータを気兼ねなく消せるようになりました

10

カトラリーや食器は人別にしない

2歳を過ぎたあたりから、私のマネばかりしたがるようになった娘。洗濯ものをたたむ、お風呂掃除をするなど遊びのような感覚で一緒に家事をするようになり、最近は配膳がマイブーム。夕食のしたくをしていると「何かお手伝いすることある?」が口グセで、カトラリーを並べたり食器を出したり、ご飯をよそったりしてくれます。でも、見ると、お箸やお茶碗をそれぞれ探して並べるのが大変そうでした。

そこで、娘が使いやすいように食器の収納を少し見直してみました。大人用と子ども用に分けていたカトラリーを、全員分同じ入れ物にし、お箸、お茶碗、お椀も自分用を持たず、夫婦は同じものにしました。結果、娘のお手伝いがどう変わったかと言うと…ちょっぴり動きがスムーズに! 毎日使うものはひとつにまとめたほうがわかりやすいし、人別にしなければ誰のものかいちいち確かめる手間もない。使いやすい収納を、娘が教えてくれました。

カトラリーもダイソーのケースに。頻繁に使うものだけにして、大人数のお客様には、割り箸などを用意しています

11

あいたスペースはあいたままに

からっぽのスペースがあると、何かものを置きたくなってしまう人、置いてもいいと考えてしまう人は意外に多いようで、私もそうでした。わが家には、洗面所の鏡の扉裏や子ども部屋、クローゼットの天棚など「からっぽ」な場所があるのですが、私は必要なければ何も置かないようにしています。理由は、ものがものを呼んでしまうように思うからです。

たとえば2階の子ども部屋。まだ子どもが小さいので家具も何もなく、物置代わりに使おうと思えばいくらでも使えてしまいます。でも、一度関係ないものを置いてしまうと、なしくずしになるのは目に見えていて…。「捨てるまで」「片付けるまで」と自分に言い訳しながら、どんどん本当の物置にしてしまいそうで怖い。そうして、本当に子ども部屋として使う年になったとき、大変な思いをするのは自分です。想像すると、置きたい気持ちにストップがかかります。あいているところはあいたまま。それでいいと思います。

まだ使っていない部屋はそのままに。洗面台の棚は、掃除のしやすさも考えて余計なものは置きません

〝アレ〟の収納どうしてる？

レジ袋

きれいにたたむのが苦手なので、レジ袋をくしゅくしゅと細長くし、まっすぐ伸ばしたら大きいものは半分に折り無印良品のファイルボックスに立てて入れるだけ。中は買い物時にもらった紙袋で仕切って大小のサイズ別にしておくと使うときに便利です

電源コード

コードの色に合わせて、ダイソーのマジックファスナーテープで結束。いちいちほどかずに済むように、プラグ側は少し長めに残しておくのがコツ。おしゃれなシェーカーボックスにまとめて入れれば、リビングにあっても生活感が出ません

マスク

外で使いたいとき、玄関先で「忘れたー」と中によく戻ることがあったので、サニタリーの引き出しだけでなく玄関にも置くことにしました。夏以外は、靴箱の上にある無印良品の「ＭＤＦ小物収納」に20～30枚ほど入れています

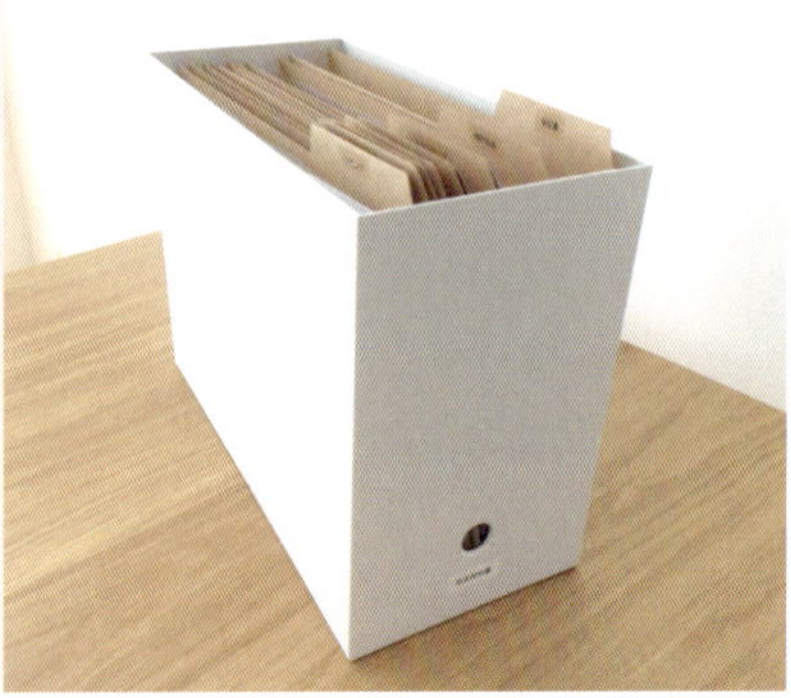

取扱説明書

取扱い説明書は、無印良品のファイルボックスに。同じく無印良品の再生紙ペーパーホルダーに見出しをつけて、内容がわかるように整理して、いざというときにすぐ見られるようにダイニング棚へ。一年に１回は、必要かどうか見きわめます

アイロン

アイロンを使ったあと、熱が冷めるのを待つ間にしまうのが面倒になって出しっぱなし…。よくそんなことがあったので、熱いまましまえる無印良品の「ステンレスワイヤーバスケット」に収納。アイロン台と一緒にパントリーに置いています

分別ゴミ袋

無印良品のファイルボックスに「再生紙ハンギングホルダー」を組み合わせ、バーに引っ掛けるように種類ごとに掛けています。この方法ならゴミ袋の種類が増えてもごちゃごちゃにならず、スリムに収納できて棚の中もスッキリ

サイズ
約W16.7×
D12.4×H11.8cm

みそ

野田琺瑯「持ち手付きストッカー」。ふたつきでにおいや色移り、乾燥が少なく、持ち手があるから冷蔵室の最上段に入れても取り出しやすいんです。少し上部をカットすれば、750gの市販のみそ容器がすっぽり入ります

生ゴミ

生ごみは、言ってしまえばまだ食材なので、冷凍庫で一時保管。においが気になる時期でも、これなら大丈夫。ビニールに入れ、紙袋に包んでおけば、見た目的にも問題なし

洗濯物のたたみ方

1 ハンカチは、広げたら、
2 三つ折りにします
3 両端を持って一方の中に端を入れ込みます
4 スッキリたためました！

3

ラクにスッキリな掃除

汚れを落とすのではなく、汚れる前の掃除を習慣にしています。いろいろ試してきて、それがいちばん手間が省けて効率よくきれいにできると思うから。毎日歯みがきするようにサッとひと拭き、意外と面倒くさくありません。

1

掃除の効率を考えるということ

26歳で結婚するまで、実家でのほほんと暮らしていました。当然掃除の知識はなく、新婚当時は〝汚れるまで放置〟が普通でした。お風呂の排水口はドロドロ、シンクも落ちない汚れがいっぱい。床はホコリや髪の毛だらけ。掃除にも時間がかかり、毎日の掃除に困っていました。

そこで見直したのが、掃除のタイミングです。汚れのつきやすさ、落としにくさに応じて、朝と夜のプチ掃除、週1のお手入れ掃除、月1の念入り掃除、年1の大物掃除、という具合に、掃除する場所と回数をルール化。睡眠や食事をとるように、毎日の生活の中に組み込むようにしました。

疲れていたり、気がのらなくてできない日もあります。それでもルーティンワークにしていれば、汚れがたまってウンザリ…まではならなくなりました。できることをできるときに。それだけで、けっこうラクになったと実感しています。

楽チンでも
ピカピカ

2

掃除機はコードレスを出しっぱなしに

「掃除機かけるの面倒くさいな」って、ずっと思ってました。ところが今は、掃除機をかけるのが苦にはなりません。いったいどんな心境の変化だと思いますか？　実は、納戸からリビングに置き場を変えてみたんです。これが大正解でした！取りにいく手間がなく、気づいたときにサッと使えることが、自然に掃除のハードルを下げてくれました。見た目もシンプルな掃除道具なら、出しっぱなし収納でも気になりません。

メインで使っているのは、マキタのコードレス掃除機。コード式に比べてややパワーは劣るものの、軽くてシンプルなデザインは魅力的ですし、コードを伸ばしたりプラグを差し替える必要がないのはとても便利。リビングの目立たない場所に羊毛ダスターと一緒に置いていますが、本当に買ってよかった！と思えるほど愛用しています。こんなにも毎日使うのであれば、次に買い替えるときはハイパワーのものが欲しいなあ、なんてひそかに考えています。

ヘッドがコンパクトなマキタは家じゅう全部をかけるのは少し大変。2〜3日に1度、ルンバも併用すると完璧

フックは、石膏ボードにつけられるもので、耐荷重は5kgまでＯＫ。簡単に取りつけられて、見た目も◎。羊毛ダスターは、「miwoollies」というもので、1200円くらいとリーズナブル

3

トイレにブラシは置かない

トイレ掃除に、ずっと不満がありました。ブラシでゴシゴシこする労力もかかるし、ブラシ受けに水がたまって赤カビも出るし、なんだか不衛生。いっそブラシをなくしては？と思い、こすらず汚れが落ちるというリキッド洗剤「超強力トイレクリーナー」を試してみたんです。これが予想以上の効果！ 週1回、便器のふちにつけるだけで見事に汚れがつきません。とはいえ、まったくこすらないのもの足りず、使い捨ての流せるトイレブラシと毎週交互に使うことに。

残る問題は便座回り。数日放置するだけで頑固な汚れがつきやすい場所なので、自分が入ったときにアルコール除菌スプレーを吹きかけたトイレットペーパーでサッと拭くことにしました。念入りに拭いても、時間にして、ものの30秒です。面倒くさがりの私も、この方法ならノーストレス。長年の悩みだったトイレ掃除が、ブラシ撤去とともにスッキリ解消できました。

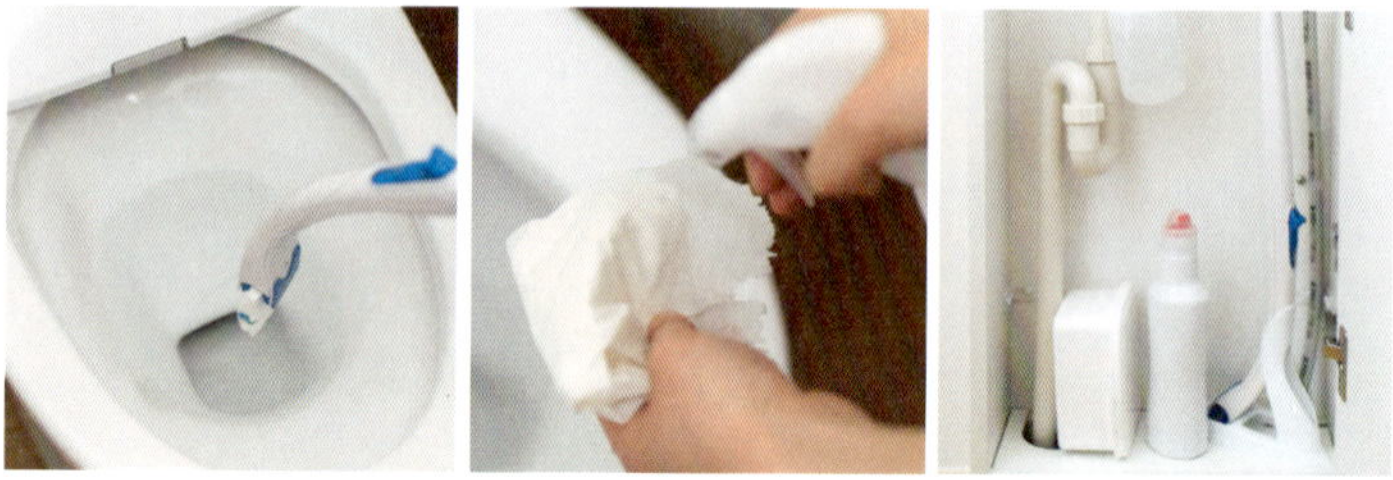

トイレットペーパーにパストリーゼを吹きかけて便座の裏表を拭くだけ。汚れやすいカバーやマットは使いません

4

お風呂掃除は予防が大事

水あか、石けんカス、皮脂汚れと、汚れの種類が多い浴室は、カビと汚れのたまりやすさNo.1。いちばん放置してはいけない場所なので、我が家では最後にお風呂に入った人が、鏡拭きとサッと掃除をすることがルールです。たまにさぼる夫のフォローはするようにしています（笑）。

掃除にすぐに取りかかれるように、浴室のタオルバーに、泡立てネットや洗い桶などと一緒に、タイル目地ブラシと洗剤ボトル（10倍に薄めたアルカリ電解水に液体の洗濯洗剤を混ぜたもの）も掛けています。こうすれば、いちいち外に取りに行かずにすむのです。

なるべくものを置かないこともカビ予防につながります。洗顔フォームはクリップにはさんで吊るし、子どものおもちゃも置きっぱなしにせず、使ったあとは乾かして洗面台の引き出しに。足つきのバスチェアは、洗ったあと浴槽のふちに掛けておくとぬめりがつきにくくなります。

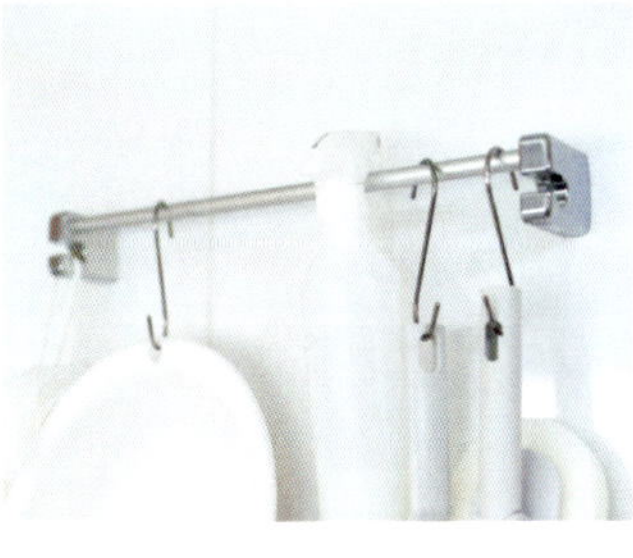

掃除用具をタオルハンガーにひっかけて。天井には、「バイオくん」というカビ予防剤を貼っています

5

お掃除リストでラクになる

以前の私は、掃除のタイミングがよく分かっていませんでした。掃除リストを作って扉裏などに貼っておくことで、するべき時期が明確になり、ラクにキレイを保てるようになりました。

私の場合、最初はいつもしている家事をざっと書き出してみて、自分の理想とする頻度に振り分けてみました。たとえば冷蔵庫、ホコリ取り、掃除道具の手入れは週1回。床拭き、洗濯機、お風呂の念入り掃除、靴箱は月1回というように。毎日、週1、月1、年2、年1とムリなくできる範囲で掃除のタイミングを決めてみて、うまくいったら続けてみる。ムリが生じたら間隔をあけたり、できないときは翌月に回すなど頻度を見直します。

このリストがあると、やりたくない掃除もやらなきゃという気持ちになり、掃除のペースも把握できるようになります。アナログですが、チェックすることで達成感も感じられます。

MYりお掃除リストはコレ！

週に一度

	第1週	第2週	第3週	第4週
埃取り	□	□	□	□
キッチン回りの床拭き	□	□	□	□
冷蔵庫	□	□	□	□
ルンバとレイコップのお手入れ	□	□	□	□
シュレッダーと書類の整理	□	□	□	□
牛乳パックや古紙のリサイクル	□	□	□	□
トイレ	□	□	□	□

月に一度

スポンジ・歯ブラシの交換	□
床	□
棚	□
収納ケース内	□
食洗機	□
ケトル	□
洗濯機	□
蛇口の水垢取り	□
蛇口の消毒	□
玄関タイル	□
玄関ドアや表札	□
下駄箱と靴の手入れ	□
フェルトの点検	□
サッシ	□
鏡	□
ソファーのレイコップ	□
風呂の念入り掃除（風呂釜、天井も）	□
季節家電（ガスストーブ、扇風機など）	□
トイレの念入り掃除（タンク、ノズルも）	□

6

週1のお掃除

毎日掃除しなくてもそれほど汚れがたまらない場所、たとえば観葉植物の葉っぱ、冷蔵庫の棚、古紙のリサイクルボックスや掃除グッズの手入れなど。これらは週のどこかで1回きれいにすればよし、と気軽に考えています。

週1掃除の効果をとくに実感するのは冷蔵庫です。気をつけていても汁もれしたりプラスチックのポケットや棚が汚れてしまうのですが、アルコール除菌スプレー「パストリーゼ」で拭き取ると、けっこう汚れが取れてびっくりします。製氷機も週1か、水がなくなったときに洗って、仕上げにパストリーゼをシュー。食材が減って買い物に行く間際が掃除のチャンスです。キッチンの床拭きも目立つ汚れがつかない場合は週1にしています。二度拭きの手間がいらないアルカリ電解水をスプレーして、ウエスで拭けばべたつきやにおいもスッキリ取れます。1週間の中の、どこか少しの時間。ちょっと掃除に費やすだけで、家も心も気持ちよく過ごせます。

ホコリ取り

わが家で唯一の観葉植物、ウンベラータ。ホコリが積もると葉っぱの緑がきれいに見えないので、羊毛ダスターで表面をさっとなでて

冷蔵庫

食材がほぼなくなったら、アルコール除菌のパストリーゼをスプレー。キッチンペーパーで拭いて終了

キッチンの床

キッチンマットはひかずに、べたつきを感じたら床拭きするようにして、清潔を保つようにしています

書類

玄関に置いている古紙やリビングの不要な書類をチェック。古紙は捨てるタイミングを逃すと次が長いので、週に１度は必ず確認

7

月1のお掃除

月1回の念入り掃除リストに入れているのは、ひんぱんにできないけれど汚れがつくととても厄介、という場所です。洗濯機、食洗器、ケトル、玄関ドアや表札、サッシ、換気扇、トイレのタンク、浴室の天井や壁、エプロン、風呂釜の除菌などなどはこの頻度にしています。正直なところ、あまりやりたくない掃除ばかりですが、月1ペースで手入れをしていれば激しく汚れがたまることはなく、結果的には時短に。リストに書いておけばたまの作業でも忘れないし、やりやすい掃除にかたよらず家全体をまんべんなくきれいにできます。

年末の大掃除で汚れをガツン!と取る方法もありだと思いますが、今の私は掃除にかける手間と時間をなるべく減らしたい。だから、月1回、汚れが少ないうちにやってしまう習慣がとても合っていると思うのです。

鏡は、クエン酸をスプレーしてラップパックすると水あかがとれます。洗面器やお風呂用の椅子は、家族が入った後のお湯に酸素系漂白剤を入れて追い炊きしてつけ置き。翌日、水を捨ててからお湯をはり、もう一度追い炊きすればきれいに

エプロンもあけて、アルカリ電解水で全体をスポンジでこすり洗い。蛇口などはブラシでこすります。天井や手の届かないところは、カビ予防にもなるパストリーゼをつけたフローリングワイパーで拭き掃除

8

朝は掃除パターンを決めておく

朝の家事は主婦の方なら毎日欠かせない仕事だと思いますが、私もだらだらしないように、やることをパターンにして体が動くように心がけています。

まずは娘を起こしたついでにハンディ掃除機レイコップでふとんやシーツ、マットレスのホコリ取りを。UV照射機能もあり、外に干せなくても紫外線消毒ができるすぐれものです。そして、出かける前に、コードレス掃除機でざっと掃除機がけ。保育園に行く娘が玄関で靴を履くのを見守りながら、ほうきでたたきを掃くという流れで、洗濯ものを干す時間などと合わせても20分程度で終わります。

忙しい朝の時間帯に手早く掃除するコツは、ムダな移動時間をできるだけつくらないこと。たとえばレイコップなら寝室近く、掃除機はリビング、外用のほうきは玄関に、というふうに、使う場所の近くに掃除グッズを用意しておくとスムーズに取りかかれます。

玄関には、ほうきやデッキブラシを下げて。キッズスペースは、髪の毛などをコロコロでささっとお掃除

\スタート/

洗濯ものを干す

5分

洗濯機まわりにかごやハンガー、洗剤をひとまとめに。天気が悪い日は、洗面所の隣の洗濯室で部屋干しします

食器片付け

3分

夜中に回した食洗機の食器を棚に片付け、朝食に使うものはトレーにセット

ふとんのレイコップ

5分

ふとん用ハンディ掃除機で、シーツやマットの髪の毛やホコリを吸い込み、ハウスダストやダニの死骸を除去

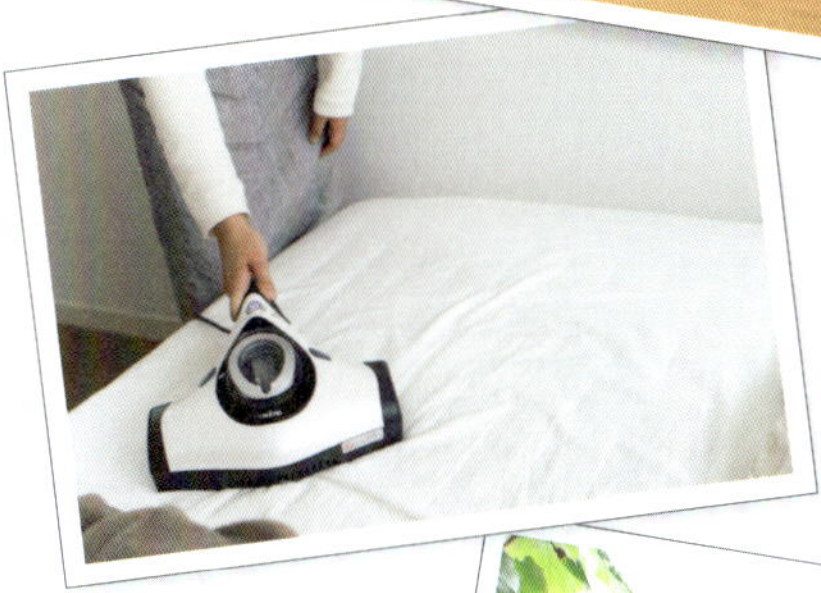

掃除機

5分

ダイニング、サニタリー、階段など汚れやすい場所やルンバが通らない家具の下はしっかり、あとはサッと

玄関を掃く

1分

ふだんはほうきでホコリや砂を払うだけ。月1掃除では、晴れた日にタイルの汚れを水で洗ったあと、ウエスで乾拭きします

フィニッシュ

9

夜家事はついでが正解

夜の掃除は、カビ、水あか、油汚れをつけないためのお手入れが中心です。娘とお風呂からあがる前に、排水口のふた、鏡など、水あかや汚れがつきやすいところを、熱でゆるんでいるうちにサッとひとこすり（最後になる場合はバスタブなどもさっと）。夕食後は食器洗いと同時にキッチントップ、シンク、家電などを水拭きします。掃除のために「よいしょ」と立ち上がるのではなく、使ったあとの流れのまま〝ついで感覚〟でラクにすませます。

キッチンやレンジ、炊飯器は、使ったあとに台ふきんなどですぐに拭けば、簡単に汚れが落ちます。油はねが気になる時はアルカリ電解水を使います。それを毎日すれば、ほとんど汚れはつきません。意外とあなどれないのが乾拭き。とくにステンレスや鏡は、使いおわったタオルで拭きあげるだけで、ぴかーんと輝いて家がとてもきれいに見えます。

＼スタート／

● シンク

3分

中川政七商店の手紡ぎ綿食器用洗いに食器用洗剤をつけてこすり、水きり台も乾拭き

● 家電拭き

1分

炊飯器と電子レンジは台ふきんで水拭きするだけ。油汚れが気になる時はアルカリ電解水で

● ふきん漂白

1分

ほうろう容器に、酸素系漂白剤と水、台拭きを入れてコンロで加熱。沸騰したらとめて一晩漂白。翌日洗濯します

● お風呂

1分

排水口のゴミを取り、水でサッと流してゴミ受けを外したまま乾かします

● 洗面台

1分

手紡ぎ綿食器洗いでシンクと同様に洗う。交換前の手拭タオルで鏡と蛇口を拭きあげます

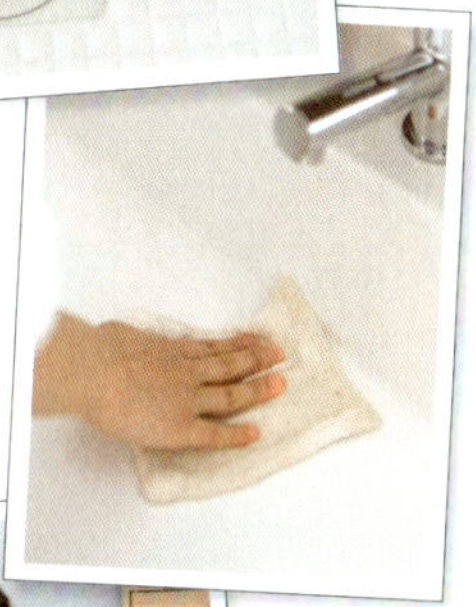

● リビングリセット

3分

おもちゃ、いたずらされた道具、ソファの乱れなどを娘と一緒に片付けて、朝と同じ状態にリセット

● 洗濯ものたたみ

5分

靴下やハンカチは、四角くたたんで先端を折り口に差し込むと、バラバラにならずしまいやすいです

フィニッシュ

10

吊るせば、掃除しやすく

吊るす収納って、とっても役立ちます。用意するのはフックやクリップだけ。取りつける場所も自由。さらに見逃せないメリットは掃除のしやすさだと思います。

実感したのは、娘用の踏み台を替えたとき。サニタリーに置いていたのですが、掃除のたびに移動するのが面倒で。ニトリの折りたたみ式踏み台にして床から浮かせるように掛けてみたら、小さな不満があっという間に解消できました。

棚や床に置きがちな小物も、吊り下げが便利。洗濯用のピンチや洗濯ネットは、袋に入れて洗濯機脇に掛けたほうが持ち運びしやすく、ホコリもたまりません。掃除用具やバスグッズなども、タオルバーやつっぱり棒に引っ掛けるとラク。

吊るす収納で気を付けることは、下げるものの重さを考えること。弱いフックやつっぱり棒では逆効果になってしまうので、事前に耐荷重や下げるものの重さを調べ、しっかりしたものを選ぶようにしています。

踏み台も洗顔料も吊るしてスッキリ

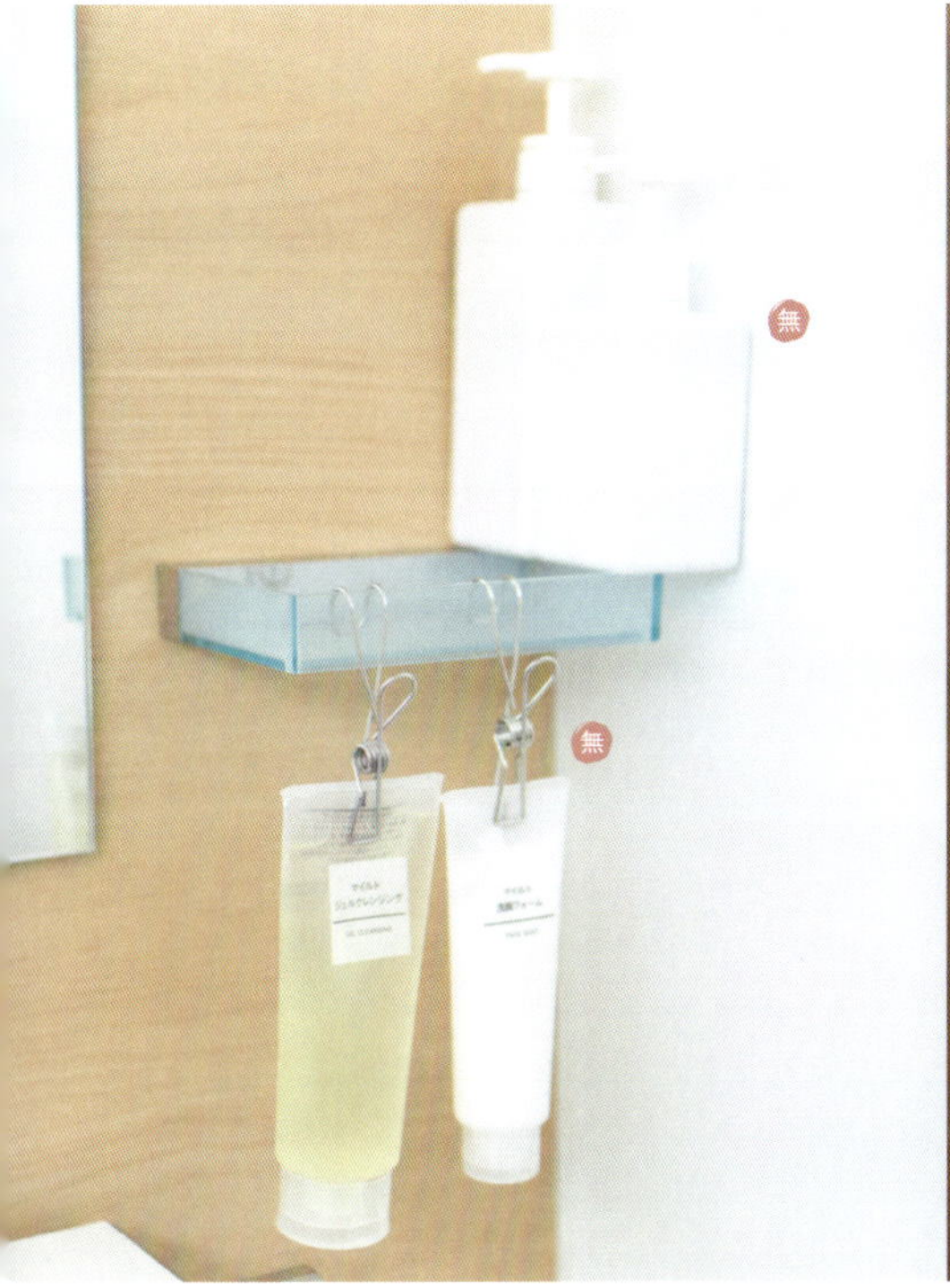

洗面所の踏み台は石膏ボードにつけられるフックで吊り下げ。浴室のフォーム類は無印良品の引っ掛けるワイヤークリップにはさみ、棚のふちに掛けて

11

不要なものは外して掃除をラクに

きっかけは、ある日のお風呂掃除でした。何ものせてない棚なのに、ぬめるし汚れがたまるなら、いっそ外してしまえばいいのでは?と、思いついたんです。なければ汚れない! 洗わずに済む! これはいいかもとやってみたところ、棚ひとつなくなるだけでラクになったことを実感しました。その後、シンクの排水口のふたも外してしまいました。

ラクして掃除をしたいと思ったとき、まず考えるのは「何をやればいいんだろう」ということです。だけど「やめてみること」も立派な方法だと思います。使うのが普通、あったら便利という思い込みをひとつひとつ検証してみると、じつはやめてもいいものは意外とたくさんあったりします。今までキッチンや玄関、洗面下のマット類、三角コーナー、生ゴミ用のゴミ箱、バスタオルなどいろいろなものをやめてみましたが、不便は感じません。それよりもラクになったと実感するので、一度試してみるのもおすすめです。

ふたがないとゴミが丸見えですが、これも慣れ。いつも見えているので気がついたときに取る習慣になりました

12

家電は汚れをためない工夫を

週1、月1掃除の中には、毎週、毎月ではないけれどイレギュラーに掃除するものもあります。それが家電類の掃除です。家電って、汚れるわりに意外と手入れを忘れがちで、いざやろうとすると大変な状況になりがち。ついた汚れを落とすより、汚れをつけない、ためないことに注力したほうが効率よくきれいになると思います。

たとえば週1、2回、パン焼きに使うトースター。中にパンくずが落ちやすいので、使うときはトレーにアルミホイルを敷き、使い終えたら食器と一緒に洗います。内側の手が届くところは月に1度アルカリ電解水でサッと拭きます。季節家電も、使い終えてしまうときに掃除をすると時間がかかるので、使いながら月に1度は拭き掃除をするようにしています。

一見手間がかかるように思うことも、すべてはのちのちの自分を助ける準備。家電掃除は地味な作業ですが「ゆとり貯金」を貯めると思って励んでいます。

アルミホイルを敷くだけで、ほとんどパンくずが下に落ちません。2年たってもピカピカです

nikaの愛用
洗剤＆掃除グッズ

手間なく汚れが落とせて、いろいろな用途や場所に使える。そんな賢い洗剤やグッズを探した結果、このページで紹介するものが今現在のベストアイテム

Detergent
洗剤

アルコール除菌スプレー

ドーバー
パストリーゼ
アルコール分77％の高濃度な除菌スプレー。カテキン配合で強い除菌効果があるそうで、わが家ではトイレ、キッチン、冷蔵庫の掃除などに大活躍！

液体洗濯石けん

ミヨシ
無添加　お肌のための洗濯用液体せっけん
香りにクセがなく、無添加で肌が弱い娘にも安心。洗濯洗剤ですが手洗いや浴室洗剤としても使えます。洗剤投入口にやや石けんカスがつきやすいけれど使い心地は満足

アルカリ電解水

アール・ステージ
アルカリ電解水クリーナー
水ピカ
pH13.1という高濃度のアルカリ性で、皮脂や油汚れに最適。セスキや重曹のように二度拭きがいらず、水で薄めればさまざまな汚れ、場所に使えるのが便利です

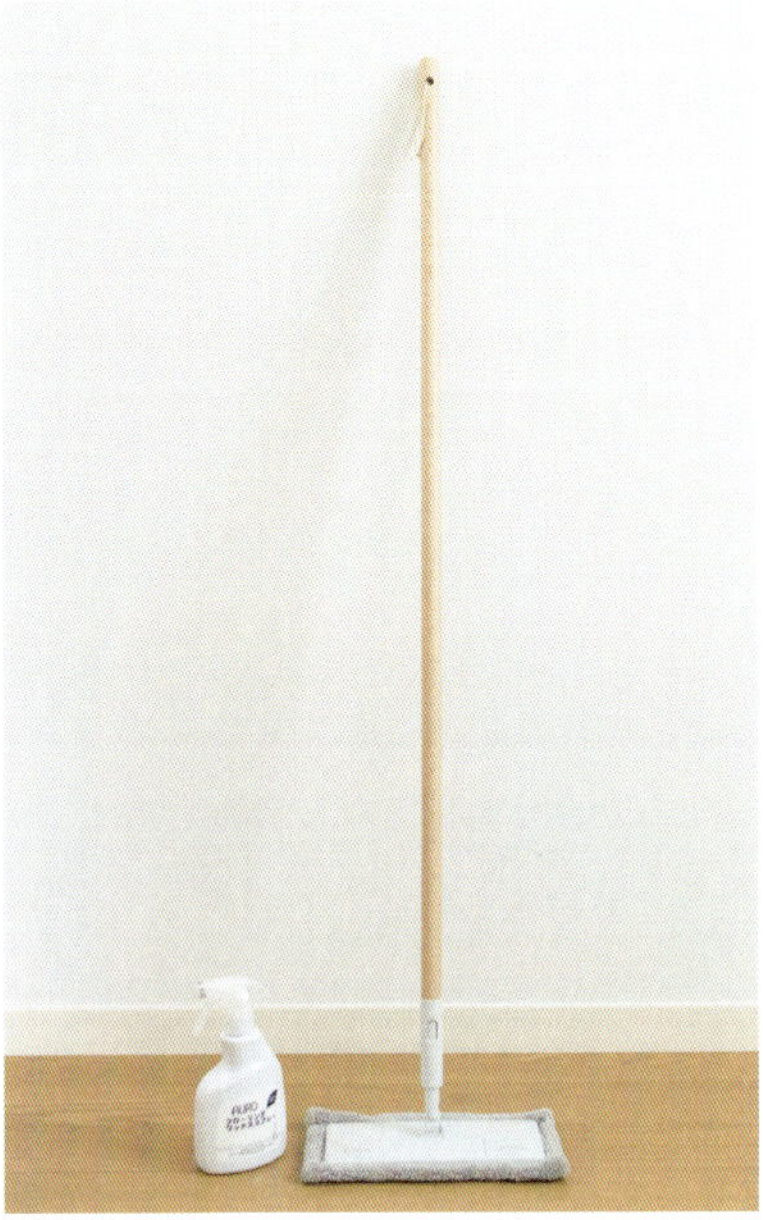

フローリングワックス

ボーデン
アウロ フローリングワックススプレー
無印良品
木製ポールフローリングモップ
直接床にスプレーをしてフローリングモップで拭くだけ。薄める手間がなく、掃除とワックスがけが同時にできるすぐれものです。通常のワックスのように長持ちはしませんが、ふだんの手入れには十分

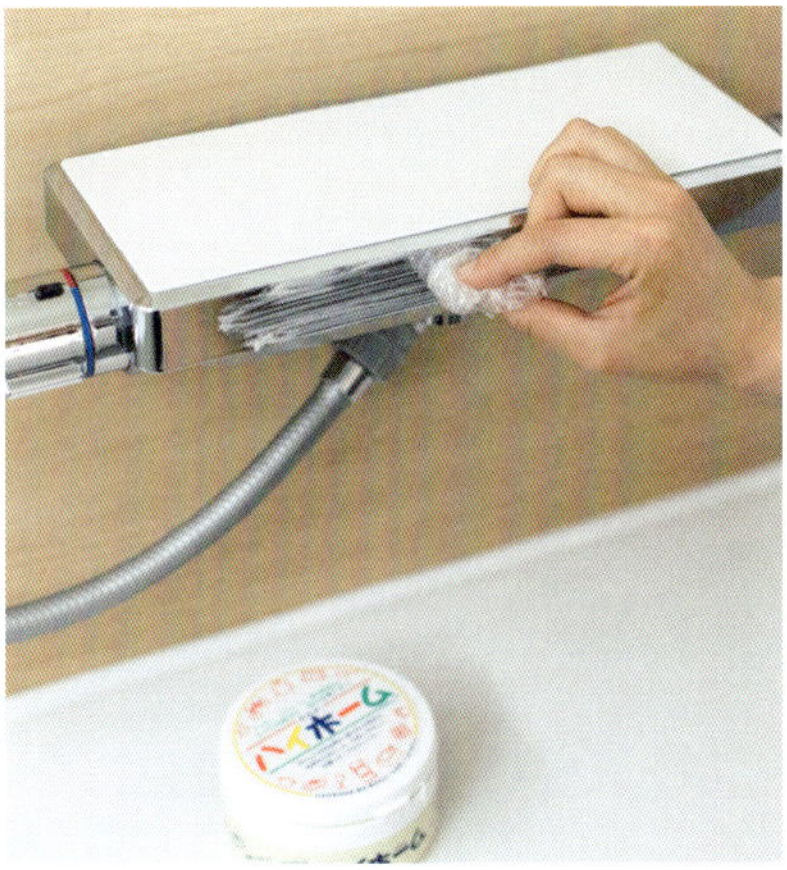

クレンザー

日本珪華化学工業
ハイホーム
半練りタイプのクレンザーで、ステンレスの水あか取りに効果絶大！　丸めたラップにつけて蛇口などをこすればピカンときれいに。花瓶の白くくもった水あかも簡単に落ちます。求めやすい価格もお気に入り

Cleaning goods 掃除グッズ

古タオルでウエス

ウエスとしてストックし、床拭きや乾拭き用に使ってから処分するとムダなし！

古くなったタオルは、真ん中にはさみを入れて手で裂くと、糸がほつれにくいです

2

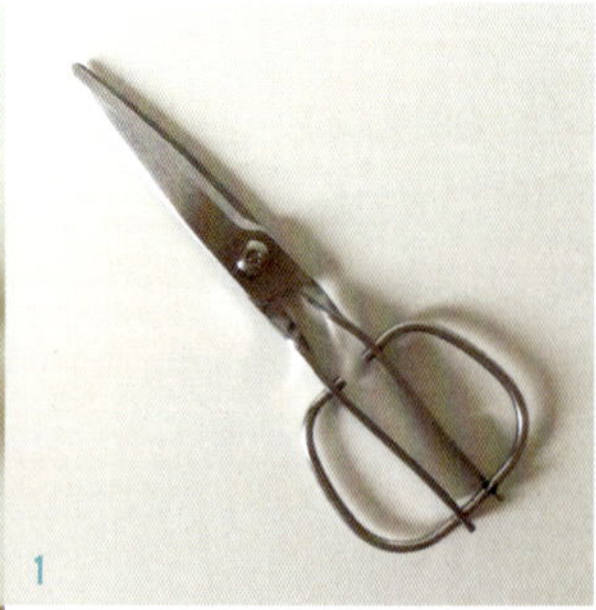

1

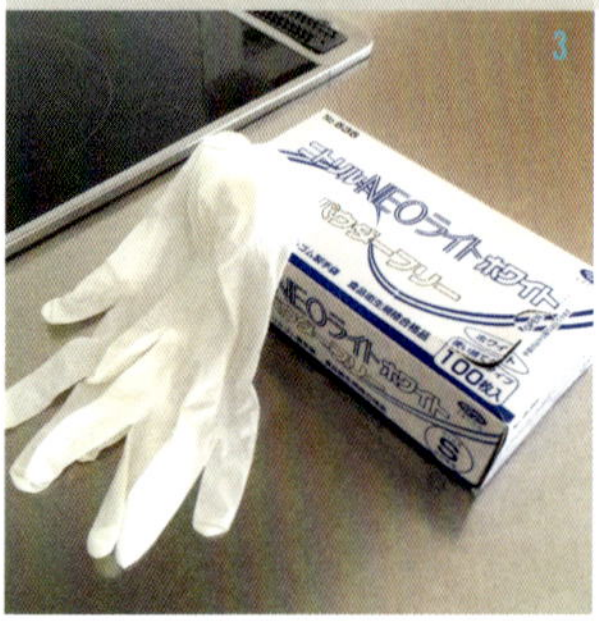

3

1 鳥部製作所の「キッチンスパッター」。分解して洗えるので衛生的。包丁がわりに肉も切れます
2 レイエの「ゆびさきトング」。熱いものを切るときや薄い肉を剥がしたりも。置くときに先が浮くのも◎
3 ニトリルのゴム手袋。掃除や家事もしやすく欠かせない存在。100枚入りもうれしい

4

ラクにスッキリなもの選び

家事を大変にするのもラクできるのも、じつはもの選びが決め手なんだとわかってきました。だから、ものにはかなりこだわります。値段やブランドより重要なのは、家事がラクになるかどうか。その基準で選んでみています。

1

"長くつき合える"が、もの選びの基準

以前は、まったく違うものの選び方をしていました。もっと色のあるものが好きだったし、かわいい雑貨も大好き。流行のものにすぐ飛びつくほうだったと思います。でも、買うと手に入れたことに満足してしまう。欲しかったものがどうでもよくなってしまう自分がイヤで、悲しく思うことも。

そんな反省から、今は「ベーシックなもの」「自分が本当に必要なもの」を意識して選ぶようになりました。色なら白、ベージュ、グレー。素材ならステンレス。機能なら、使い回しがきく汎用性の高いものを。年齢が変わると好みも当然変わっていくと思いますが、シンプルでベーシックな色やデザインは、きっといつまでも使い続けられると思います。

ものが好きなことは、今でも変わりません。だから、買うときは時間をかけてしっかりと吟味。ものが増えたら、不要になったものをリサイクルなどで循環させることを考える。ものと上手に付き合いながら暮らすのが理想です。

2

MY定番を決める

どの家にも、これはお気に入りの定番！というものがいくつかあるのではないでしょうか？　わが家にもあるのですが、そうした定番が増えてきたのは最近のこと。子どもが生まれてから買い物の時間やお金に対する価値観が変わり、ものに対しても、どうせ買うなら家事や暮らしの手助けになるものを選んだほうがいいし、使い心地もよければなおいい、と考えるようになりました。いろいろ試しながら見つけたのが、次のページから紹介するものです。

心がけているのは、生活雑貨なら10年先まで付き合いたいか、消耗品なら買いたい理由がきちんとあるかということ。納得するものを探すまでは時間もかかりますが、決まると買い物はグッとラク。悩まずにまとめ買いやネット注文ができるし、時間も短縮できます。育児に追われる身としては、これがとてもありがたくて。お気に入りを使う喜びとともに、家事や育児も大いに助けてもらっています。

タオル

愛用しているのは、ベルメゾンデイズの「初めからシャリフワ今治タオル」。フェイスタオルとバスタオルの2サイズ持っていますが、一般的なバスタオルをやめて、ハンガーに干せるスリムな幅のものにしたことで、毎日の洗濯の量を減らせて、干す場所にも困らなくなりました

トイレットペーパー

150m巻きの芯がないタイプ。ロング巻きなのでつけ換えの手間が少なく、芯を捨てる手間もありません。ネットで買うと48ロールも入っているのですが、半年以上買わずに済むし、コスト的にも合格。再生紙のわりに質も悪くありません

ティッシュ

まとめ買いするので、収納庫の中で悪目立ちする派手な色は避けたくて。シンプルな色を探してスコッティにたどり着きました。部屋からは見えませんが、ちょっとこだわるだけで印象がかなり違います

ステンレス

鍋もケトルもステンレス。劣化がなく、長く使えます。とくにオバ社のケトルはデザインがかわいく、注ぎ口が細くてコーヒーのドリップケトルにも便利。使ったあとまだ温かいうちに乾拭きすれば水あかもつきません

スポンジ

亀の子スポンジは、シンプルなデザインが◎。泡立ち、水切れの良さも魅力です。銀イオンの抗菌効果を期待して！

歯ブラシ

「タフト 24」という歯科用歯ブラシ。コンパクトなヘッドで先が開きにくいのが◎。使い心地もよくて 100 円ちょっとで買えるのもありがたい。歯ブラシ置きは、無印良品のもの

食器

シンプルで万能に使えるイッタラの「ティーマ」や無印良品が定番。ティーマは21cmのプレートと15cmのボウル、無印良品は仕切りつきのワンプレートが便利。いつでも買い足ししやすいものを選ぶことで割れたときや収納場所にも困りません

輪ゴム

普通のゴムがなくなってセリアに行ったら、モノトーンのものがあったんです。どうせ買うならシンプルなものを選んだ方がスッキリすると思い購入しました

トイレ用スリッパ

以前は布製のものを漂白除菌をして洗っていましたが、やっぱり面倒。人工皮革の抗菌レザーにしたら、手入れがラクになりました。月一掃除のときにパストリーゼを塗布したトイレットペーパーで拭くだけです

3

こだわりの一石二鳥グッズを選ぶ

シンプル暮らしを意識するようになってから、ものの使用頻度が気になるようになりました。持っていてもめったに使わないものや、たくさんあっても使うのはいつも同じ…そうしたものはなるべく「兼用」でまかない、スペース、時間、お金を効率よく使えるようにしています。

兼用できるものって、意外とたくさんあります。たとえば身だしなみのアイテムなら、オールインワンの化粧水やリンスいらずのシャンプー。ハンカチは夫と合わせて何十枚と持っていましたが、兼用できるデザインのものだけ残したら、普段使いのものは、たった6枚で回せるようになりました。お弁当を包むのにも使えるサイズのハンカチを選んだので、それも兼用しています。食器も、シンプルな深めの洋食器はラーメン鉢や丼、もちろんサラダやパスタにも兼用できます。ガラスの器も、コップにもなったり、小鉢にもなったりするデザインをチョイス。使い方を発見するのも楽しみです。

1 たくさんあっても、使うハンカチはいつも同じでした。だから夫と兼用で6枚だけに。洗面台の引き出しに入れ、私でも夫でも使えるようにしてます

2 イッタラの「ティーマ」21cmのボウルは、おかずから麺、丼と万能。ボルミオリロッコのガラス器「ボデガ 200」は前菜、デザート、飲み物にも使えます

3 天然由来成分でリンスいらずの「自然葉シャンプー」。少し高価ですが、家族全員これ1本で済ませ、リンスもいらないのでコストはあまり変わりません

シャンプー
全成分天然由来
無添加
グリーンノート
自然葉
しぜんは
シャンプー
GreenNote Shizenha Shampoo
3

ハンカチ
1

2
食器

4

三角コーナーはいらない

三角コーナーを使っていたのですが、私にはきれいに保つことが大変でした。少しサボるとにおい移りやぬめりがひどく、相当な汚れと格闘することに…。ゴミ入れがシンクの上にあってもよいのでは？と考え、ほうろうのストッカーで代用することに。

細かいゴミは排水口のゴミ受けに流し、野菜くずなどはほうろう、と使い分けているのですが、使い勝手はバツグンです。におい移りが少なく、生ゴミを捨てた後は、コンロで毎晩ふきんの煮沸消毒にも使えます。持ち手つきだから、洗うときや水を入れるときにも便利。以前使っていたゴミ箱は、におい対策のためポリ袋をセットして捨てていましたが、ほうろうならその手間もかかりません。たまったゴミは、シンクのゴミ受けのものと一緒に新聞紙で包み、ポリ袋に入れて冷凍室の紙袋（P.53）にいれています。こうすると、ゴミの回収日までにおいに悩まされることがありません。

まな板から
ポイポイ♪

野菜くず入れに

シンクの上にも置けるので、調理中に出る野菜くずもすぐ入れられます。ふたつきなので、いざというときはにおい対策も簡単にできます

いろんな
用途に使える！

ふきんの消毒に

夜の片付けが終わったら、さっと容器を洗い、ふきんといっしょに入れて漂白。容器とふきんと漂白が同時にできます（P.71参照）

5

洗濯グッズもこだわって使いやすく

私にとって、料理や掃除に比べると、洗濯はあまりストレスを感じない家事かもしれません。洗濯ものを干すのもたたむのも、じつはけっこう好きだったりします（笑）。でも、どんより曇った日に汚れものがどっさりあったらちょっとブルー。なので、洗濯室は明るく清潔感が出るように洗濯カゴ、洗剤ボトルなどを白で統一。素材はステンレス、ほうろうなど耐久性のあるものを選ぶようにして、気持ちよく仕事ができるように工夫しています。

収納にもつながることですが、おすすめは洗濯ハンガーとクローゼットのハンガーを共通にすること。同じものなら掛け替えをする手間がなく、乾いたものをそのままクローゼットにしまえるのでとても便利です。カゴは、やわらかくて軽く、カゴバッグのように持ち運びができ、家中の洗濯物を配って歩ける便利なすぐれもの。道具がお気に入りだと家事はぐっと楽しくなります。

スッキリ

サニタリーの隣にある洗濯室。カゴも洗剤もハンガーもだしっぱなしですが、シンプルな色でそろえているのでスッキリ

洗剤は詰め替え

ほうろうのふたつきストッカーには酸素系漂白剤を。柔軟剤など液体洗剤は、目盛りつきでわかりやすく、詰め替え口が大きい「ire-mono」というシリーズの容器に詰めかえます。白で統一すれば見た目も◎

カゴ

「フレディレック ランドリーバスケット」は丈夫でたっぷり入り、片手でも運べるすぐれもの。取り込んだ洗濯ものはたたんでカゴに入れ、それぞれの場所に運んでいます

ハンガー

クローゼットで着替えたら端にあいたハンガーをまとめておき、ついでのタイミングで洗濯室に持っていくだけ。カットソーもハンガーに掛ければ、たたむ手間がかかりません

6

洋服はシーズンごとに定番を着回し

独身OL時代は、それこそクローゼットがギュウギュウになるほど服を持っていました。接客もある仕事だったこともあり、毎日違う服を着なきゃと思っていたんです。変わったのは、育児に専念するようになってから。バリエーションのために無理に服を買う必要はないとわかり、好みではない服、サイズの合わない服、傷んだ服などいらない理由がはっきりしているものから処分。好きな形、似合う色だけを定番として持つようになりました。数は増やさず、とことん着倒して翌シーズンにはダメになったものは新しく買い直すというサイクルにすると、服がむやみに増えずに、十分着たのだからと納得して手放せます。

結婚式や入園式など特別な日の服も、高価なものは買いません。手軽におしゃれ感が出せるファストファッションを活用し、着る機会がなくなったら譲渡。服は量より、好みや回転を優先したほうがムダがないように思います。

白、黒、ブルー、ベージュ、グレーなど落ち着いた色が多いです。ほとんど無地で、柄ものはボーダーくらい

MY洋服リスト

Tシャツ	4枚
ブラウス	2枚
シャツ	3枚
カーディガン	2枚
長袖Tシャツ	3枚
ジャケット	2枚
ニット	3枚
スカート	2枚
パンツ	5枚
ダウン	1枚
コート	1枚
バッグ	5個
靴	7足

ふだん着の数です。冠婚葬祭用などは別です

あなたのリストも作ってみて

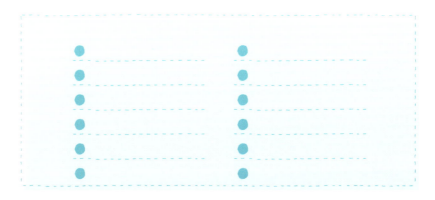

coordinate
春秋コーディネート1

育児中なので動きやすく、じゃぶじゃぶ洗えて着回しやすいものとなると、やっぱりシンプルでカジュアルなものがメインになります。プチプラアイテムも活用。ちょっとお出かけ風にしたいときは靴やバッグ、ストールなどで変化をつけるのが定番です。アクセサリーは小ぶりで邪魔にならないネックレス以外はほとんどつけません。今は靴は7足、バッグは5個ですべてです。でも意外といろいろなコーディネートを楽しんで着ています。

Denim Jacket
+
Border Shirt
Long Skirt
Tote Bag

ふだん着の定番

無印良品のGジャンとボーダーの組み合わせはテッパンコーデ。ギャザースカートは流行のデザインですが、ライトグレーを選べば着回しも簡単です。購入はネットショップで。スカートは意外と試着なしでも失敗しません

Denim Jacket
+
Border Shirt
Chino Pants
Shoulder Bag

黒バッグでカチッと

右と同じGジャンにユニクロのボーダーTシャツ、無印良品のワイドチノパンツの組み合わせ。A.P.C.のショルダーバッグを掛けるだけで、ちょっぴりキチンと感が出ます。合わせる靴はGUのバレエシューズ

Denim Jacket
+
White Blouse
Long Skirt
Busket

決め手はカゴバッグ

右と同じGジャンのインは、ガーリーな白ブラウス。ボリューム感のあるカーキのスカート、カゴバッグを合わせて甘辛ミックスの抜け感あるコーデに。ブラウスは北欧暮らしの道具店のオリジナルブランド

coordinate
春秋コーディネート 2

Short Trench
+
Border Shirt
Denim Pants
Shoulder Bag

デニムもきれいめに

インディゴのボーイフレンドデニムは、上品な印象。トレンチコートや黒革のショルダーバッグと合わせてきれいめカジュアルでまとめると、ちょっとしたお出かけや、ママ行事などにもバッチリです

Short Trench
+
Stole
Denim Pants
Tote Bag

ストールをプラス

トレンド感のあるワイドパンツもひとつ持っていると便利。実ははくのがラクで、体形カバーにもぴったり。白いニットや万能トレンチコートと合わせれば、旬コーデになります。寒い日はウールのストールを羽織って暖かく

Long Cardigan
+
White Blouse
Denim Pants
Basket

肌寒い日はコレ

こちらも無印のロングカーディガンですが、生地が厚くてコート感覚で羽織れるのがポイント。白のニットにブラックマウジーのインディゴデニムを合わせて羽織ると、カジュアルすぎず、かっちりしすぎずでいいバランス

Long Cardigan
+
Border Shirt
Denim Pants
Tote Bag

秋のお買い物ルック

ニットのロングカーディガンは無印のもの。カットソー１枚で寒い日は、これを羽織れば防寒対策もＯＫです。水色のボーダーＴシャツ、デニムのワイドパンツにマリメッコの黒いバッグを合わせて、ゆるっとかわいく

7

メイクグッズはスタメンだけ

自慢できる話ではないのですが、化粧品はあまり関心がありません。手間のかかるケアもできないので、時短になって使い心地がよければいいかな、なんてゆるく考えています。

そんな私が好んで選ぶのは、ひとつで済ませられる万能タイプ。朝の忙しい時間は無印良品の化粧水、乳液、美容液がひとつになったオールインワン美容液ジェルが便利ですし、肌色カラーの日焼け止めクリームなら、化粧下地としても使えます。ファンデーションは下地、UVケア、保湿ができる無印良品のBBクリームを使っています。メイク小物も数を厳選していますが、育児中のママの身だしなみとしてはこれで十分だと思っています。

服と同じく必要最小限にするとムダなお金は使わなくなり、メイク時間も短くて済むような気がします。環境が変わったり、年とともに違う手入れが必要になったら、その都度見直していこうと思います。

スッキリ

収納は持ち運びできる無印良品のコスメポーチに。汚れ防止も兼ねてダイソーのプラケースで仕切っています

make up goods

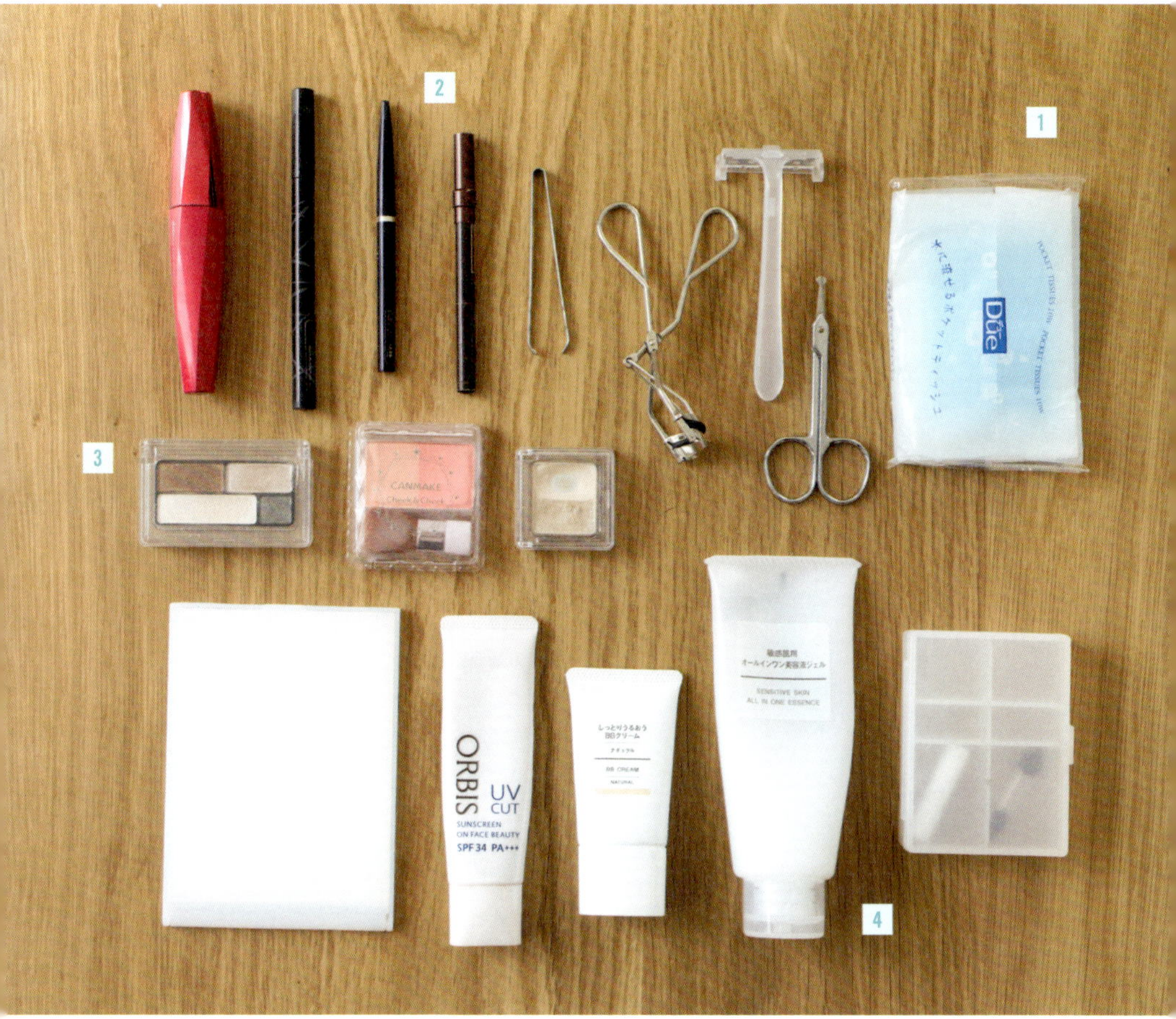

1
手拭き用に用意
リビングにティッシュを置いていないので、手をすぐ拭けるように、ポケットティッシュを常備

2
ペンシルも少なく
アイメイク系は、マスカラ、フォルムプロットライナー、アイライナーとアイブロウ

3
シャドウは単色
多色シャドウを持っていても使うのは茶系だけなので、ベージュ系のコンパクトなものにチェンジ

4
多機能系に注目
スキンケアやファンデーションは、1本でオールマイティーに使えるものを選んで時短＆節約

8

お手入れして、長く使う

ものを厳選すると、ものに対する愛情、愛着が深くなります。ひとつひとつがお気に入りだから、使い捨てにはしたくない。できるだけ長く使えるように、靴から鍋までこまめなお手入れを心がけています。掃除のようにリストやルールは設けていませんが、傷みや汚れに気づいたときが、お手入れどき。白いほうろう鍋は黄ばんできたら水と重曹を入れて沸とうさせ、翌朝軽くこすれば、汚れはスルリと落ちます。タオルにいやなにおいがついたら、酸素系漂白剤を50℃ほどの湯に溶かしてつけおき洗い。選んだものを心地よく使うためにも、小さなお手入れ、忘れないようにしたいと思います。

スニーカーも、お手入れが欠かせません。とくに白いスニーカーは汚れがつきやすいのですが、ブラシで砂や大きな汚れを落とし、酸素系漂白剤につけおくだけでずっとキレイに履けます。ちょっと気になったときに面倒がらず手をかけると、〝持ち〟がずいぶん違います。

スニーカーは漂白を

ウタマロ石けんをブラシにつけて大まかな汚れを落とし、50℃の湯に酸素系漂白剤大さじ3ほどを入れてひと晩つけおき。翌朝、スニーカー用ネットに入れて洗濯機で脱水すれば大した労力もかからず、白さがよみがえります

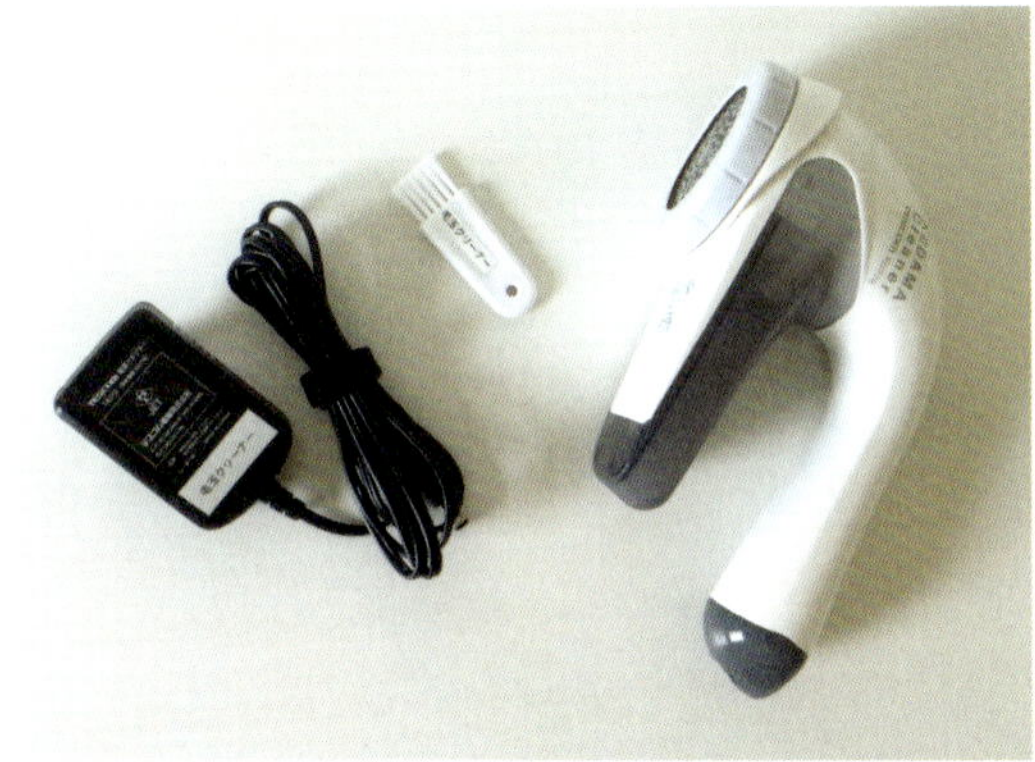

毛玉取り

テスコムの毛玉取りは、交流式でパワーがあるのがお気に入り。洗濯ものをたたむのがリビングなので、すぐ取れるテレビ台下に収納し､気になったとき、すぐ使えるようにしています

nikaの
キッチン便利グッズ

料理は苦手だけど、キッチンにいる時間は楽しく過ごしたい。
だから、腕をカバーしてくれる調理道具や、時短につながる
便利グッズが好きです。使ってみれば、その良さに納得！

しゃもじ

マーナ「立つおべんとうしゃもじ」は、コンパクトなサイズで立てられ、ご飯がくっつきにくい。スプーンのようなとがった形状もポイントで、ご飯以外のものの盛り付けにも便利なんです。サブのつもりで購入したのに、使いやすくて今ではこればかりです

まな板

料理研究家の有元葉子さんのブランド「ラ・バーゼ」のまな板は、しっかりとした厚みがあって自立するので、水切り後は乾かすのに場所を選びません。１枚だとコンパクト、２枚つなげると大きな長方形になり、サイズの使い分けも！

鍋

ジオ・プロダクトの22cmのポトフ鍋は、長く使いたいもののひとつ。熱伝導がよく、短時間で作れるとあったのですが、実際その通り。初めてこの鍋でプリンを作ったとき、かなり短時間で蒸しあがり、省エネ効果満点でした

スポンジ置き

シンプルなステンレスラックは、亀の子スポンジのオリジナルホルダー。私はシンクではなく洗剤に吸盤をつけているのですが、トレー掃除もいらず、とても快適。洗剤のボトルの底に滑り止めをつけておけばズレません

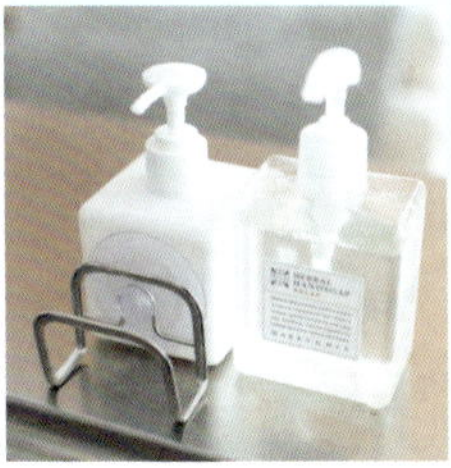

5

ラクしてスッキリは家族もハッピー

子どもや夫には、手を出しすぎず、放置しすぎず。さじ加減が難しいけれど、不便があれば声を聞きながら改善したり、みんなが楽しんでもらえるように収納やシステムを見直します。家族を笑顔にするのも、私の大きな役目です。

1 片付けは子どものペースを尊重して

「お子さんがいるのにきれいですね」と言っていただくことが多いのですが、実際に娘が遊んでいるときのわが家は散らかり放題。それはすごいものです（笑）。が、遊んだあとラクに片付く仕組みをつくるのが私の役目。娘には自分で片付けられるようになってほしいから、収納や声かけでさりげなく誘導できるように工夫しています。

今、実践しているのは片付けのタイミングを固定化すること。食事の前、おやつの前、寝る前など一日に何度かリセットする時間をつくり、定期的に片付ける習慣づくりをしています。元の場所に戻しやすいようにラベルを貼ったり、入れやすい、片付けやすいものを用意してあげるのも効果的。「これはどこに入れる？」と問いかけながら、見守ります。全部しまえたら「ちゃんとキレイに片づけられたね」とほめてあげると、娘も達成感があるのか、とてもうれしそうにしてくれます。

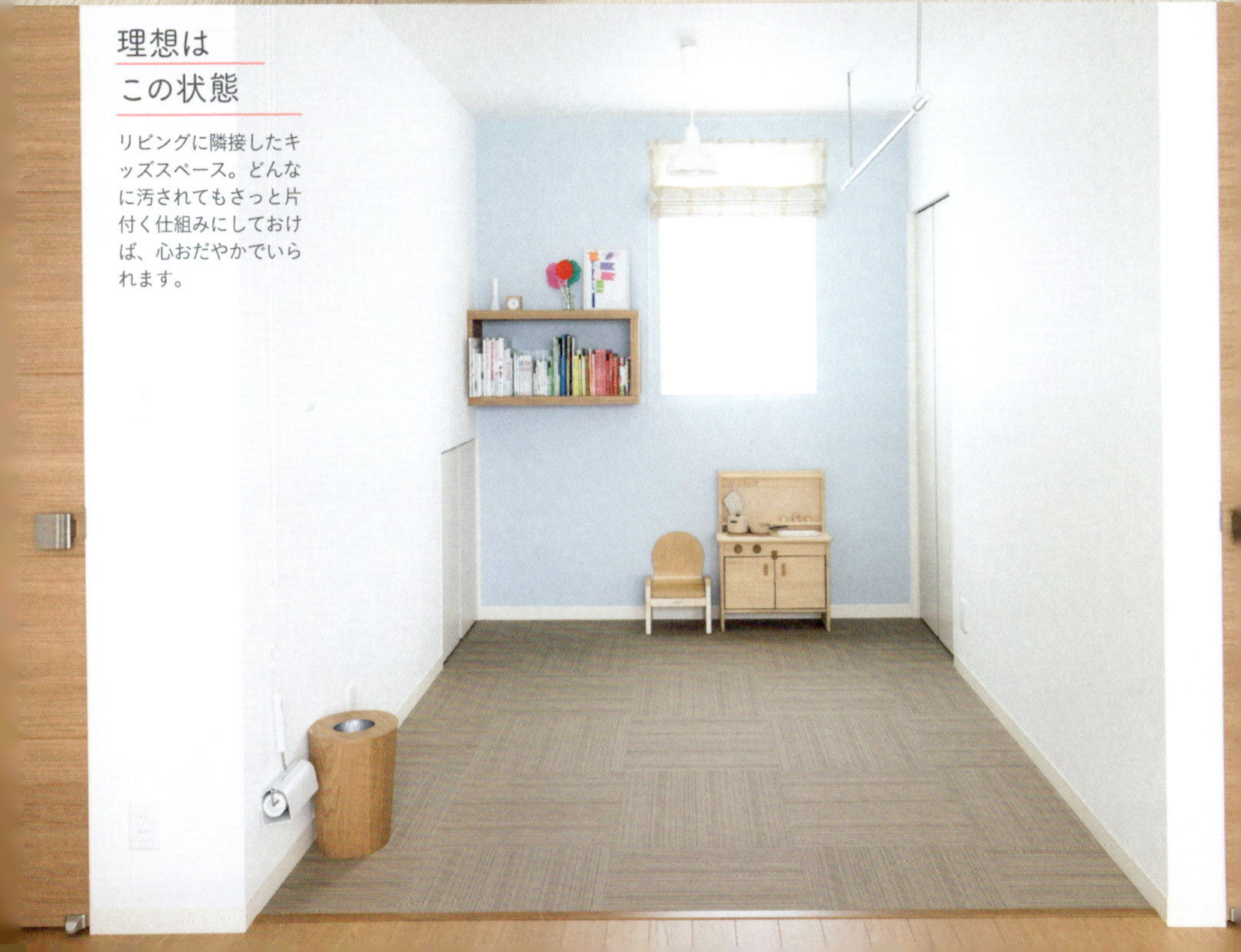

理想は この状態

リビングに隣接したキッズスペース。どんなに汚されてもさっと片付く仕組みにしておけば、心おだやかでいられます。

おもちゃはキッズスペースの収納庫に。上段にあまり使わなくなったもの、とり出しやすい下段によく使うおもちゃを。

2

子どもが片付けやすい工夫を

おもちゃの収納は年齢に合わせて少しずつ変えています。うんと小さな頃はポイポイ投げ込むだけでしたが、今は写真や絵で目印をつけてあげると、だいたいのものが把握できるようになりました。何が入っているか、返す場所はどこかわかるようになれば、子どもでも5分で片付けられます。

中身がわかるように

クリアケースに、写真や、おもちゃの箱を切ったもの、手書きの絵などを入れて、両面テープでケースにペタリ。入れ替えたとき、差し替えるのもラク

袋分けの中身は…

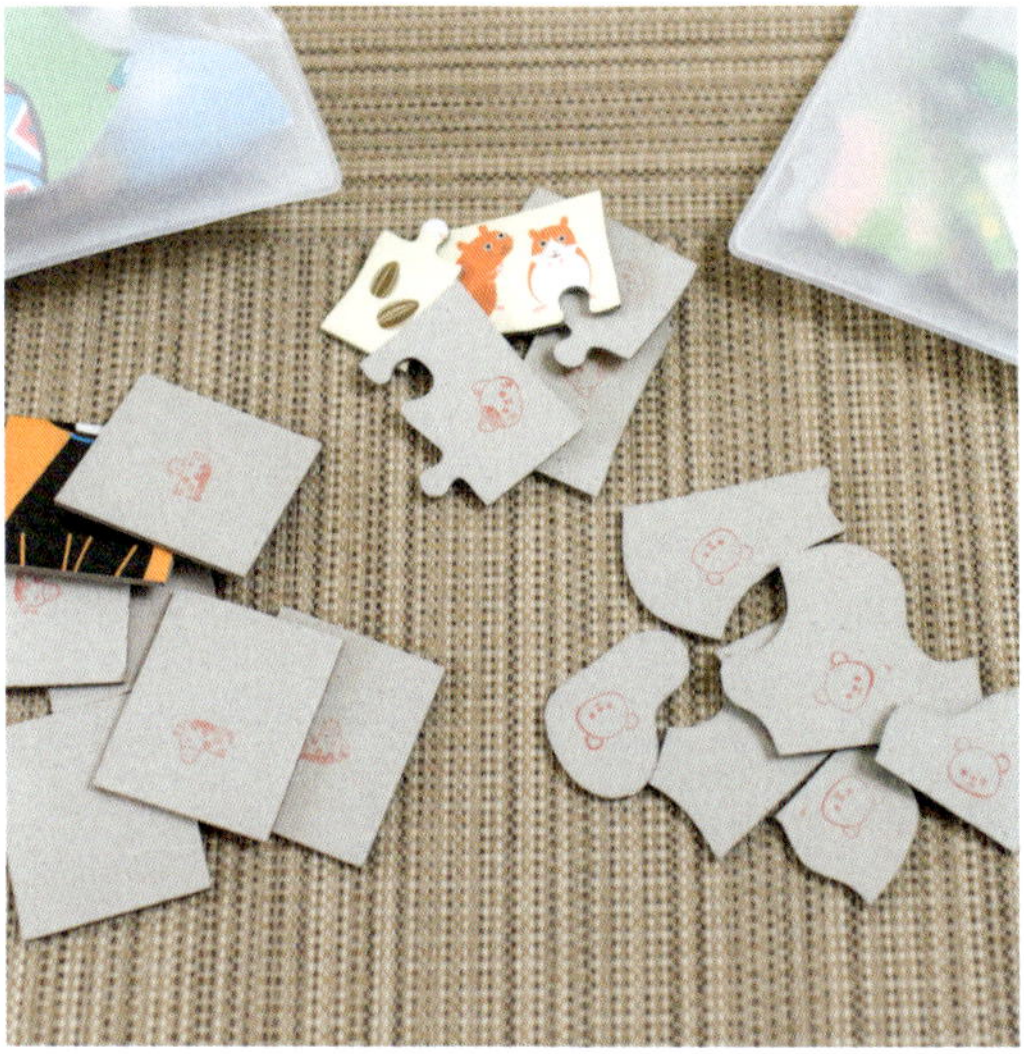

パズルは裏にスタンプ

インスタのフォロワーさんに教えてもらったアイデア。種類ごとにスタンプを押し、無印良品の「EVA ケース」に

3 子どもの作品は飾ってからスクラップ

子どもが大きくなると、お絵描きしたり工作したり、いろんな「作品」を作るようになります。かわいくて何でもとっておきたくなってしまうのですが、飾る期間や場所を決め、厳選しています。

わが家の場合、作品の定位置はリビングに隣接しているキッズスペースの棚。季節にちなんだ作品や絵は、写真におさめた後、フレームに入れポスターのように仕上げます。棚はカラフルな作品もなじみがよく、インテリアの一部のように溶け込んでくれます。次の作品ができたら、入れ替えのタイミング。古いものは選定してスケッチブックに貼って作品集にし、リビングのテレビボードにしまいます。立体的なものは、一定量をボックスにキープ。リビングに置けば、子どもや私たちが見たいときにいつでも見られます。

写真だけでなく、やっぱり少しはそのまま形に残してあげたいと思っています。

立体

飾ったあとは…

平面

無印良品のスケッチブックには、日付と年齢、一言コメントを添えて。サイズの大きいものは、折ったりカットしたりしてコンパクトに

4

子どもの着替えとお手入れグッズは一緒に

もしも子どもがいなかったら、ここまで家事や収納の効率を考えることはなかったような気がします。時間がない、余裕がない、予定通りにいかない。ないない尽くしの新米ママだからこそ、不便を解消しようと頑張れたのかもしれません。

娘の着替えやパジャマを1階のキッズスペースに置くことにしたのも、少しでも効率よく動きたかったから。はじめは2階の寝室に置いていたのですが、お風呂から上がってすぐ着替えさせるには1階にあったほうがラク。一緒にお風呂に入る私のスキンケア用品、ドライヤーもここにあったほうがラクなので、同じ場所にまとめてしまうことにしました。洗面所や2階を往復する必要がなくなるだけで、イライラも疲れもグンと減るから不思議です。

朝起きてから寝るまでの行動で、どこに何を置いていたらムダがなく使いやすいか――子どもの成長や生活スタイルの変化に合わせて、これからも工夫を重ねていきたいです。

ドライヤーを入れているカゴは無印良品のワイヤーバスケット。スキンケアは、ポンプ式やスプレー式にして、片手でできるように

5

子ども服はボトムスを無地にするとラク

女の子だからなのか、うちの娘は2歳頃から早くも洋服に興味深々。毎朝、自分で着る服を選びたがります。だけど、子どもなのでコーディネートなんてめちゃくちゃ。親からすると「その組み合わせ?」と思うような服をうれしそうに選びます(笑)。忙しい朝に選び直すのも時間もかかるし、娘とバトルになるのも避けたいので、ボトムスはいさぎよく無地と決めるようにしました(かわいい柄のスカートはほんの少し)。上がどんな色柄になっても、下が無地ならなんとなくまとまるし、子どもの選びたいという気持ちも尊重しながら私の手間も減らせます。

子ども服は大人の服以上に増えやすいのが悩み。必要最低限の数にしてよく着ることで、サイズアウトする頃には、シミがついたりクタクタになることも多いので、なるべく処分したり、あまり着なかったものはリサイクルに回して、余分を持たないよう気をつけています。

買うお店は無印良品、グローバルワーク、ユニクロなど。すぐに着られなくなるので安いものばかり

6

ラベルで家族にもわかりやすく

家事や片付けの企画でよく見かけるラベリング。移し替えた容器や箱の中身を把握するのにとても便利なので、私も以前から取り入れ、家じゅうのものに貼っています。

ラベリングのいいところは、入れたものの名前がわかるだけでなく「付せん」的な使い方もできるところです。たとえば、冷凍ご飯や納豆は無印良品の整理ボックスに入れているのですが、新しいものは奥に入れて手前から消費するルール。「手前から食べてね」というラベルをボックスに貼っておけば、いちいち夫に言わなくても伝えられます。ほかにも子どもの水筒やコップの名前つけに使ったり、ナチュラル洗剤の分量の目安を書いてボトルに貼ったり。

愛用している「ピータッチ」というラベルライターは、コンパクトで操作も簡単。ラベルシールは水濡れにも強いので、水回りのものや冷蔵庫などどこでも使えるのも助かります。

テープの幅や色はさまざまですが、私は白の12㎜の一種類だけ。フォントや文字サイズも同じものにしておけば、テープ交換の手間やストックも少なくてすみます

手前から食べてね

納豆や豆腐を入れているポリプロピレンの整理ボックスは、幅11.5㎝のもの。サイズがぴったりおさまります

冷凍ご飯も

無印良品の「ポリプロピレン整理ボックス」を冷凍ご飯の型に活用。いちばん小さいサイズにラップを敷いてご飯を詰めるとちょうど茶碗1杯。幅8.5㎝のボックスにもぴったり収まります

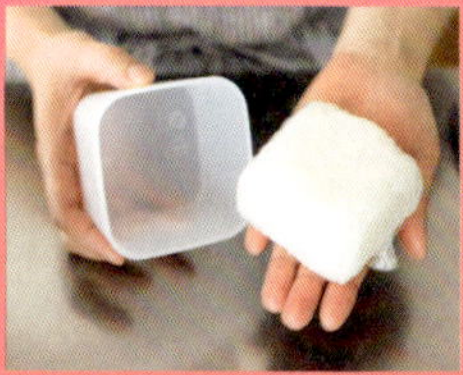

7

つくりおきは、ほうろうを上手に活用

おかずのつくりおき、忙しい人に人気ですよね。私も苦手な料理が少しでもラクになればと思い、子どもが生まれてから取り入れるようになりました。といっても、週末に何品も作る本格的なつくりおきは料理の苦手な私にとっては大変なので、ご飯のしたくのついでに少しだけ。サブおかずを中心に3~4品程度、長くても4日以内に食べきれる量にして、ラクに作りながら朝晩の食事に役立てています。

保存容器は、おかずに合わせて使い分け。冷たいまま食べるものや直火にかけるもの、においや色がつきやすいものはほうろう容器に、レンジ加熱したいものはプラスチック容器を使います。とくにほうろうは熱にも冷凍にも強く、ハンバーグなら作って冷凍したものをそのままオーブンにかけたり、プリンやアイス、ケーキなどお菓子の型代わりにしたり、持っていると便利です。サイズを中と大の2種類に絞ることでコンパクトに収納でき、毎日フル回転で使い回せますよ。

無印良品の「アクリルテープディスペンサー」にmtの白マスキングテープをセット。油性ペンと一緒にキッチンに置いています

よく作るのはおひたし、きんぴら系、肉じゃがなどの定番

そのまま火にかけられる

深くて大きいほうろう容器は、直接加熱して鍋のような使い方もできます。入れ替えがないので、洗いものの手間も削減に

※ほうろう容器は、お使いの容器やガス・IH器具によっては直火使用できないものもありますので、取扱説明書をご確認ください

8

家族の時間がバラバラなら定食方式に

平日の夫の帰宅は遅く、私と娘の食事時間帯とは別になってしまいます。夫が食べるときは、娘を寝かしつけているときだったり、後からわざわざ用意するのも面倒に感じたり。そこで、先に盛り付けまで済ませたらどうかな?と考えました。

準備するのは、私と娘の食事を用意するとき。トレーを3人分並べてご飯、汁もの、おかずまで定食屋さんのように盛り付け、夫のトレーにはラップを。ここまで準備すればあとは温め直しだけなので、気分的にグッとラクになります。メインの食器は、無印良品の仕切りつきの角皿。盛り付けに悩まず、洗いものも少なく済むので便利なのです。

平日は、定食スタイルで時短準備。週末は、家族そろってできたてをゆっくりと。夫も理解してくれたこの方式で、娘がもう少し大きくなるまで乗り切ろうと思います。

朝食セットも

朝食用のジャムやバターは、ナイフやスプーンと一緒にトレーに。冷蔵庫を開けたらすぐテーブルに出せます

この状態なら、「何食べたらいい？」と聞かれることもありません。ときには温め直しも自分でしてくれます

9

手づくりおもちゃはフェルトで

娘におもちゃを作ってあげたくて、何度か手づくりに挑戦したことがあります。1度めは、赤ちゃんの頃。ペットボトルのフタを使って楽器を作ってみたのですが、できが悪かったのかあまり遊んでもらえず。次は、ネットで見かけたフェルトのスイーツ。とても温かみがあってかわいくて、毎晩ちくちく頑張りました。でき上がるたびに娘のにっこりした顔が浮かんできて、作るのも楽しかったし、娘も喜んでくれたのでとても思い出に残っています。

ケーキは100円ショップのキットを使ったのですが、これは便利でした。ふだん裁縫にはとんと縁がないので、一から作るとなると「どうやって作る？　材料は？」と時間もかかってしまいますが、キットなら迷わず作れますし、型紙さえあればアレンジしていろいろな種類も作れます。とくにフェルトはミシンいらずで端の処理も不要なので、育児の忙しい合間でもサッと作れて、気分転換にもぴったりです。

ケーキのほかアイス、ドーナツお化粧セットなども作りました。ケーキはセリアやダイソーのキットを使って

10

夫あての書類は2段トレーに

だいたいの男性はそうかもしれませんが、夫も細かいことは苦手で家の中のことには無頓着です。散らかし屋ではないものの、片付け好きでもないので、夫が関わる収納はシンプルでわかりやすく！　うまくいかないときはそのつど修正しながら、ムリせず続く方法を模索します。

最近は夫に見てもらう書類の一時置き場を、カゴから2段トレーに替えてみました。上段に未確認のものを置き、読んだら下に入れるという簡単な方法ですが、今のところうまくいっています。カゴのときは古い書類が下にたまってあまり見てくれなかったのですが、今は未確認書類が目に入るみたいです。よく見てくれるようになり、自分からいらない書類をシュレッダーにかけてくれるうれしい変化もありました。

ちなみに夫の私物について、私は基本的にノータッチです。リビングにものが置きっぱなしのこともありますが、あまりうるさく言わないようにしています（笑）。

上 未読

下 既読

11

防災グッズは年2回見直しで安心

地震や台風など大きな災害が続くこの頃。主婦としても、防災意識が強くなりました。とくに子どもが生まれてからは、しっかり備蓄を用意。私と夫、2人分の非常用リュックにサバイバル用品、衛生用品、食料などをそろえ、家のどこからでも持ち出しやすい廊下にしまっています。

中身の見直しも、家事の一環として定期的に行うことにしました。子どもの洋服やおむつのサイズがひんぱんに変わるため、チェックは年に2回。非常食の賞味期限を確認し、リュックに入ったままのタオルもきれいに洗濯して入れ直します。使う日は永遠にやってこないことを祈りつつも、万が一必要になったときに役立たない、なんてことだけは避けたいと思います。また、こまめに確認していれば、期限が迫った非常食や水をムダに捨ててしまうこともありません。子どもが成長するごとに、必要なものは変わります。見直しはつねに忘れず、上手に管理したいものです。

リュックは家のどこからもアクセスしやすい1階のもの置きに。このほかに、食料を収納ボックスにキープ

入れるもの

・水・ティッシュボックス・レインコート・防寒シート・スリッパ・下着類・タオル・笛・マスク・歯ブラシ・生理用品・乳液・アルコールシート・お尻ふき・おむつ・めがね・ビニール袋・軍手・小銭・携帯トイレ・折り紙・絆創膏・ラップ・ガムテープ・ペン・ライター・食料など

書き込み
家事リストを作ろう

掃除や片付けがうまくいかないときに活用したいのが、書き込みリストです。週1回したい掃除は何か、半年ごとに見直したいものは何か。書くことで頭の中が整理されるので、スムーズに実践できるようになります。

みなさんも、このシートを利用して「わが家のお掃除リスト」を作ってみませんか。本に直接書き込んでもいいし、コピーして使ってもかまいません。消せるボールペンで書けば、何度でも書き直しができます。できたことはチェックボックスに印をつけておくと、やり忘れの確認にもなります。

やることリスト

年1回やること

半年に1回やること

お掃除リスト

週1

	第1週	第2週	第3週	第4週
	☐	☐	☐	☐
	☐	☐	☐	☐
	☐	☐	☐	☐
	☐	☐	☐	☐
	☐	☐	☐	☐
	☐	☐	☐	☐
	☐	☐	☐	☐
	☐	☐	☐	☐
	☐	☐	☐	☐
	☐	☐	☐	☐
	☐	☐	☐	☐
	☐	☐	☐	☐
	☐	☐	☐	☐
	☐	☐	☐	☐

月1

	☐
	☐
	☐
	☐
	☐
	☐
	☐
	☐
	☐
	☐
	☐
	☐
	☐
	☐
	☐

おわりに

シンプルに暮らすことをテーマに、日々の暮らしを
写真共有アプリのインスタグラムに投稿するようになって
2年がたちます。
少しずつ見てくださる方が増え、小さな家事を褒めて
いただいたり、ときには子育てについて温かいコメントをいただいたり、
大勢の方に励まされ、楽しく続けることができました。
また、私自身も写真を撮ることで理想をはっきりと
意識できるようになり、暮らし方や考え方を整理する
貴重な場にもなりました。

こうして本を出版することができたのも、インスタグラムで
出会えたみな様のおかげだと
感謝の気持ちでいっぱいです。本当にありがとうございます。
そして、出版にあたりご尽力いただいたライターの佐藤さん、
カメラマンの山川さん、編集の尾崎さんには
大変お世話になりました。心より感謝いたします。

暮らし方や家事は人それぞれ。
私も、もっとラクできる方法はないなかぁ？　もっとこうした方が
スッキリするのでは？　と、自分に合う家事を今日も探し続けています。
読んでくださった方のお役に立てることを心から願って。

nika

必要なのはやる気じゃなくて効率化

シンプル家事
ラクしてスッキリ

発行日　2017年8月2日　初版第1刷発行

著者　nika

アートディレクション・デザイン ohmae-d
文　佐藤由香
撮影　山川修一（扶桑社）
校正　小出美由規

発行者　久保田榮一
発行所　株式会社扶桑社
〒105－8070　東京都港区芝浦1－1－1
浜松町ビルディング
電話 03－6368－8885（編集）
　　 03－6368－8891（郵便室）
www.fusosha.co.jp

印刷・製本　大日本印刷株式会社

定価はカバーに表示してあります。
造本には十分注意しておりますが、落丁・乱丁（本の抜け落ちや順序の間違い）の場合は、小社郵便室宛てにお送りください。送料は小社負担でお取り替えいたします（古書店で購入したものについては、お取り替えできません）。

ISBN978-4-594-07769-3